Seis Desafios
para a
Historiografia
do Novo
Milênio

Dados Internacionais de Catalogação na Publicação (CIP)
(Câmara Brasileira do Livro, SP, Brasil)

Barros, José D'Assunção
  Seis Desafios para a Historiografia do Novo Milênio / José d'Assunção Barros. – Petrópolis, RJ : Vozes, 2019.
  Bibliografia.
  ISBN 978-85-326-6217-0
  1. História – Filosofia 2. História – Fontes 3. Historiografia 4. Pesquisa I. Título.

19-27540   CDD-907.2

Índices para catálogo sistemático:
1. Historiografia   907.2

Maria Alice Ferreira – Bibliotecária – CRB-8/7964

JOSÉ D'ASSUNÇÃO BARROS

Seis Desafios para a Historiografia do Novo Milênio

EDITORA
VOZES

Petrópolis

© 2019, Editora Vozes Ltda.
Rua Frei Luís, 100
25689-900 Petrópolis, RJ
www.vozes.com.br
Brasil

Todos os direitos reservados. Nenhuma parte desta obra poderá ser reproduzida ou transmitida por qualquer forma e/ou quaisquer meios (eletrônico ou mecânico, incluindo fotocópia e gravação) ou arquivada em qualquer sistema ou banco de dados sem permissão escrita da editora.

CONSELHO EDITORIAL

Diretor
Gilberto Gonçalves Garcia

Editores
Aline dos Santos Carneiro
Edrian Josué Pasini
Marilac Loraine Oleniki
Welder Lancieri Marchini

Conselheiros
Francisco Morás
Ludovico Garmus
Teobaldo Heidemann
Volney J. Berkenbrock

Secretário executivo
João Batista Kreuch

Editoração: Elaine Mayworm
Diagramação: Sheilandre Desenv. Gráfico
Revisão gráfica: Nilton Braz da Rocha
Capa: SGDesign

ISBN 978-85-326-6217-0

Editado conforme o novo acordo ortográfico.

Este livro foi composto e impresso pela Editora Vozes Ltda.

Sumário

1 Seis palavras para pensar os novos tempos historiográficos, 7
2 Tarefas da Historiografia realizadas nos séculos precedentes, 11
3 Responsabilidade, 21
4 Criatividade, 31
5 Novas Interdisciplinaridades, 41
6 Variedade, 63
7 Abrangência, 77
8 Transferência de Criticidade, 91

Referências, 105

Notas, 117

1

Seis palavras para pensar os novos tempos historiográficos[1]

Neste livro, decorrente de palestra proferida com o mesmo título, refletirei sobre o papel e os maiores desafios dos historiadores no mundo contemporâneo – considerando em um mesmo movimento de reflexões as suas novas demandas, os desafios a serem enfrentados, as novas possibilidades e, principalmente, a situação da historiografia neste início de um novo milênio que já finaliza a sua segunda década. Interessa-me pensar, particularmente, qual será a contribuição do novo momento historiográfico para as gerações futuras.

Quero refletir em especial sobre os novos desbravamentos historiográficos de campos de estudos, padrões de expressão, possibilidades inovadoras que se abrem à historiografia neste momento, e, ao mesmo tempo, sobre as interações que se referem mais particularmente ao seu relacionamento com a sociedade que produz a historiografia contemporânea e que dela se beneficia. Isso nos proporcionará uma oportunidade exemplar para abordar questões relacionadas às demandas e movimentos da historiografia contemporânea como um todo, e, em alguns momentos, para discutir também aspectos relacionados ao Brasil, incluindo tanto os que se articulam a este movimento historiográfico mais amplo, planetário, como os que se inserem em questões mais específicas de nosso atual contexto nacional e conjuntura político-social.

Proporei algumas palavras emblemáticas para falar da historiografia contemporânea em seis diferentes seções[2]. São elas, na ordem mesma em que discutiremos os próprios problemas que sugerem ou implicam: "responsabilidade", "criatividade", "interdisciplinaridade", "variedade", "abrangência" e "criticidade". Desdobrando estas palavras em expressões mais completas e esclarecedoras, bem como dirigidas a problemas mais especificados, pretendo discorrer sobre a necessidade ou tendência da historiografia do novo milênio em desenvolver-se no sentido da "responsabilidade social", "criatividade na escrita", "novas interdisciplinaridades", "variedade de suportes", "abrangência autoral", e, por fim, "transferências de criticidade". Cada aspecto será mais bem esclarecido, logo adiante.

A motivação principal será discutir, neste livro, quais seriam as principais tarefas que podem ser propostas para a historiografia no novo milênio. Para tal, será oportuno refletir, em um preâmbulo mais geral, sobre quais foram as principais tarefas e os desafios da historiografia nos dois séculos anteriores. Afinal, se somos historiadores, torna-se particularmente oportuno discutir os desenvolvimentos da historiografia como um processo que não começa propriamente ou inteiramente agora, mas que apresenta também heranças e rupturas trazidas das fases anteriores da história da historiografia. Comecemos, então, por discutir quais foram as tarefas da historiografia nos dois séculos precedentes.

2

Tarefas da Historiografia realizadas nos séculos precedentes

Desde as primeiras civilizações, a História[3] – neste momento entendida como um campo discursivo que elabora um conhecimento ou narrativa sobre os processos históricos – tem se proposto a si mesma algumas tarefas, agendas e funções bem diversificadas. Eis aqui um campo de práticas e saberes que não pode senão se apresentar em constante mutação. Em cada época, e em cada sociedade, a historiografia precisa fazer face a novos desafios que lhe são específicos.

Entre os povos das antigas civilizações da Acádia e do Egito, os registros históricos desenhados nas paredes de templos e pirâmides, ainda anônimos, parecem ter atendido essencialmente à demanda de glorificar os grandes impérios e suas dinastias de soberanos. Na Grécia clássica (séc. V e IV a.C.), os historiadores – já nomeados e respondendo por uma responsabilidade autoral que faz de Hecateu de Mileto (546-480 a.C.), Heródoto (485-420 a.C.) e Tucídides (460-400 a.C.) os seus primeiros representantes – destacavam-se com a função primordial e metafórica de salvar os grandes feitos do desaparecimento no Lethe, o mitológico rio do esquecimento[4]. Com Marco Túlio Cícero (106-43 a.C.), senador da antiga República Romana, já encontraremos bem estabelecida a ideia de que "a História é Mestra da Vida"; ou seja, afirma-se aqui a proposição de que o conhecimento produzido pelos historiadores seria capaz de instruir ou prevenir os seres humanos – e principalmente os líderes, políticos e governantes – para que não cometessem os mesmos erros do passado, desde que pudessem aprender com a narrativa dos fatos históricos já vividos[5].

Os séculos se sucederam, e a História, ou as histórias, foram assumindo novas agendas de acordo com as sociedades e circunstâncias que as contextualizaram, na mesma medida em que também surgiram reflexões sobre os desafios e funções da historiografia nos escritos elaborados por historiadores ou filósofos específicos. Como não esquecer as instigantes considerações extemporâneas de Friedrich Nietzsche (1844-1900) sobre as *Vantagens e Desvantagens da História para a*

Vida (1872), que colocam como função-limite da História a de servir à própria Vida? E o que não dizer sobre as célebres *Teses sobre a História*, de Walter Benjamin (1940), que encaminham a demanda de estimular na historiografia a função social de se pôr a serviço de uma perspectiva revolucionária?[6]

Para nossa reflexão, o que importará mais nesta seção é a historiografia científica que se estabelece nos séculos XIX e XX. Queremos nos perguntar, antes de indagar sobre quais funções, tarefas e demandas a História poderá assumir neste novo milênio, pelas tarefas que os historiadores assumiram nos dois séculos anteriores.

Encontro para o século XIX – tido usualmente como ponto de partida emblemático da historiografia científica – seis aspectos que podem resumir adequadamente as conquistas dos novos historiadores profissionais com vistas à consolidação do seu campo de saber. Vou resumi-las de acordo com os seis itens que aparecem no esquema da p. 14.

Não em ordem de importância, acredito que se possa dizer que, no movimento geral proporcionado pela historiografia do século XIX, destacaram-se demandas como as de (1) consolidar o acesso às *fontes* e à possibilidade de compreendê-las historicamente[7]; (2) estabelecer a ideia de que a História é uma

ciência; (3) definir os *limites disciplinares* da História, singularizando o que a distingue de outros campos de saber; (4) compreender o próprio historiador como um pensador inserido na *historicidade*; (5) assegurar a ligação da História com a grande *Política*; e (6) desenvolver *metodologias* próprias para os historiadores, agora vistos como intelectuais especializados em uma esfera principal de saber, ao contrário da figura do erudito polivalente que predominara no século iluminista. Em expressões mais curtas, podemos escolher as seis que se seguem: "Sistematização das Fontes", "Cientificidade da História", "Estabelecimento dos Limites Disciplinares", "Historicidade do próprio Historiador", "História Política", "Metodologia Crítica".

Coletivamente falando, os historiadores do século XIX trabalharam muito nessas seis direções, e legaram para os séculos posteriores uma historiografia que, a partir daí, passou a ser considerada científica. Foi tão importante o esforço coletivo e as realizações alcançadas pelos historiadores oitocentistas que, no decorrer do século XIX, fortaleceu-se a impressão de que aquele século era "o século da História", talvez como se poderia dizer no século XX que aquele foi "o século da Física", e, nos dias de hoje, que o século XXI é "o século da Comunicação e da Informática", ou mesmo da "Genética"[8].

Vou deixar uma ressalva. É claro que, nos limites deste pequeno livro, trabalharemos com simplificações e deixaremos de discutir tanto as variações como as exceções e pontos fora da curva. Busquei captar na minha leitura e sistematização esquemática o movimento mais geral da historiografia oitocentista. De uma maneira ou de outra, acredito que se possa dizer que os seis fatores atrás exemplificados constituíram as contribuições gerais e mais efetivas da nova historiografia que surgia no século XIX. Quando comparamos essa agenda da História oitocentista com a agenda da História no século seguinte, podemos notar que despontam com peculiar intensidade alguns novos aspectos no perfil mais essencial da historiografia do século XX. Delineio estas novas contribuições também em seis itens, que passo a expor em um segundo esquema.

Se eu tivesse que escolher expressões com ambição de razoável precisão que pudessem sintetizar bem as propostas e demandas historiográficas do século anterior ao nosso, estas seriam: (1) *problematização* (isto é, a afirmação da problematização como um valor superior à mera descrição dos fatos); (2) *expansão das fontes* (aqui entendida como a multiplicação dos diferentes tipos de fontes históricas disponíveis aos historiadores); (3) multiplicação dos *campos históricos* (para além da esfera de interesses que priorizava a grande Política); (4) *expansão de interesses temáticos* (bem representada pela célebre frase: "Tudo é História"); (5) historiografia socialmente *progressista* (ou seja, a emergência de pelo menos um setor importante da historiografia que se pôs a pensar e realizar uma historiografia que não atendesse exclusivamente aos interesses dos grandes poderes políticos dominantes, mas que também contemplasse outras posições políticas, inclusive as progressistas e revolucionárias); e, por fim, (6) a instalação de uma perspectiva *interdisciplinar* (uma tarefa que só se permitiu entrar definitivamente em cena depois que o século anterior cumprira adequadamente a missão de delinear a matriz disciplinar da história, fixando suas fronteiras e singularidades como campo de saber).

Situo estes dois grandes quadros – as seis grandes demandas que foram atendidas pela historiografia do século XIX, e as seis grandes tarefas que estiveram a cargo da historiografia do século XX – apenas para preparar a reflexão sobre os seis desafios e propostas para uma historiografia no novo milênio. Os limites deste livro não me permitirão discutir os dois séculos anteriores, de modo que apenas apresentei suas agendas historiográficas para mostrar o que já se sabe bem: cada nova época reatualiza as tarefas idealizadas para cada campo de saber já existente, o que é particularmente verdadeiro para o caso da História.

Também ressalvo que utilizei algumas simplificações e generalizações para tornar viáveis as reflexões nas quais me concentrarei neste momento. Sabemos que os séculos cronológicos não coincidem exatamente com as variações seculares da história efetiva, enquanto campo de acontecimentos, e tampouco da História escrita, enquanto campo de saber que produz conhecimento sobre esses processos e acontecimentos. Eric Hobsbawm (1917-2012), por exemplo, referiu-se ao "breve século XX" (1994)[9], mostrando que este poderia ser pensado entre os limites assinalados pelo início das grandes guerras e pelo termo final trazido nos anos de 1990 tanto pela desarticulação da bipolarização típica da Guerra Fria – na qual o planeta se havia adequado politicamente ao confronto entre duas grandes superpotências (EUA e URSS) – como pelo espraiamento do advento da era digital. O novo século que estamos vivendo, talvez possamos concordar com isso, começa no trânsito para os meados dos anos de 1990, quando se afirmam fatores singulares como a difusão do sofisticado mundo da informação, da interconexão digital e da Internet disponibilizada para grandes faixas da população, configurando isso que podemos considerar uma verdadeira revolução digital e o estabelecimento de uma cibercultura que nos enreda a todos. Isso, claro, sem contar a nova configuração política no planeta, e sem mencionar ainda a desafiadora abertura de um novo campo de conquistas tecnológicas em torno da biogenética.

Posto isso, quero adentrar a reflexão principal a que me propus: a de pensar seis desafios para a historiografia do novo milênio, ou pelo menos do novo século em cujas primeiras décadas vivemos. Disse que iria propor as seis palavras atrás mencionadas para discorrer sobre as tarefas e demandas que parecem ser mais importantes para a nova historiografia. Retomo o esquema anterior (Quadro 1, p. 9). A primeira palavra-chave que quero discutir é "responsabilidade". Ou, desdobrando mais esta ideia-força, a "responsabilidade social".

3

Responsabilidade

Vivemos em tempos sombrios[10]. A situação não é nova. A história e a historiografia do século anterior também enfrentaram situações igualmente preocupantes, ou mesmo terríveis – como a emergência dos totalitarismos da primeira metade do século XX, apenas para trazer o exemplo mais forte e impactante. Um setor extremamente significativo dos historiadores que atuaram no século anterior, por isso mesmo, foi atraído pela tarefa de enfrentar os poderes dominantes. Se no século XIX a historiografia científica é praticamente fundada para dar apoio aos estados-nações, abrindo aos novos historiadores de então espaços importantes junto aos poderes públicos, o século XX introduz, ao lado da historiografia que continua a dar apoio aos poderes constituídos, também uma historiografia de resistência.

De fato, se o paradigma do Materialismo Histórico e outras proposições revolucionárias para a historiografia já haviam se afirmado no plano político e filosófico desde meados do século XIX, já na historiografia propriamente dita foi com o século XX que surgiram os primeiros trabalhos historiográficos concretos nessas direções. A História Vista de Baixo, por exemplo, é uma contribuição introduzida por historiadores marxistas de língua inglesa da segunda metade do século XX[11], e vem do período da Segunda Guerra um texto filosófico que se tornou paradigmático e muito popular entre os historiadores progressistas e de esquerda: as célebres *Teses sobre o Conceito de História* (1940), nas quais Walter Benjamin (1892-1940) predica em favor de um novo modelo historiográfico que possa se posicionar contra a velha historiografia oficial que tanto se comprazia em "celebrar o cortejo dos vencedores"[12].

Penso que uma primeira tarefa importante a se considerar para a historiografia do novo milênio é a de assegurar continuidade à alternativa configurada por esta historiografia de resistência que encontra seu primeiro espaço de expressão no século anterior. Vivemos, particularmente a partir da segunda década do século XXI, um momento de conservadorismo e graves retrocessos sociais no planeta. O neoliberalismo, em implacável articulação com o capitalismo financeiro global, dissolve conquistas que já estavam bem estabelecidas para os trabalhadores, e o Estado de Bem-estar Social ameaça desaparecer no ar deixando à margem inúmeras famílias pertencentes às classes menos favorecidas.

Nos Estados Unidos, nação dominante no cenário do capitalismo mundial, as fronteiras com o México são fechadas com muros de concreto e ferro erguidos por um governo declaradamente conservador, enquanto os migrantes ilegais são perseguidos e colocados em ambientes que não ficam tanto a dever aos campos de concentração do nazismo alemão da primeira metade do último século[13].

Talvez nunca, como nos dias atuais, tenham se mostrado serem tão incontornáveis as contradições entre capitalismo e democracia. Se o século XX havia apresentado inúmeros exemplos de ditaduras tradicionais, o nosso século XXI parece assistir, nos anos mais recentes, à emergência de novos tipos de ditaduras, como o daquelas que não precisam mais se impor basicamente pela violência física (embora isso também continue a ocorrer), e sim através de novos modelos que envolvem o controle dos poderes judiciários e a manipulação de amplos setores da população através das mídias de todos os tipos.

Já é típica a situação de vários países da América Latina que, nos quinze primeiros anos do novo século, haviam conseguido trazer ao centro do poder político programas sociais avançados e agora vivem retrocessos, à maneira de viagens para trás no tempo, que não deixam de incluir surpreendentes recrudescimentos das desigualdades sociais características do capitalismo, do racismo herdado do período colonial, e do sexismo que tem sua longuíssima duração associada ao patriarcado.

No caso brasileiro, conhecemos a partir de 2016 um novo Golpe de Estado e a instalação de um estado de exceção que, de maneira enviesada, vem sendo reatualizado através de um sistema judicial que se tornou arbitrário em relação àqueles que se quer colocar sob suspeição, e invasivo em relação aos demais poderes. Ao lado disso, projeta-se uma mídia tradicional que se vale de procedimentos como a publicização de vazamentos seletivos de informações e a concomitante adoção de um jornalismo declaratório em lugar da prática do jornalismo investigativo. A mesma mídia, ao escolher seletivamente suas falas de apoio, esmera-se também em expor ao público uma modalidade de "jornalismo opinativo" na qual o discurso ideologicamente localizado é disfarçado em consenso ou em informação neutra.

Foi essa base de sustentação – amparada em um sistema jurídico seletivo e arbitrário, em uma mídia manipuladora, e em uma maioria parlamentar conivente – o que produziu o Golpe de 2016 no Brasil e possibilitou a sua continuidade através de um novo modelo não democrático. Tudo confluiu, ainda mais grave, para a instalação de um governo de ultradireita, de fato (e estranhamente) eleito pelo voto popular, dando-se destaque ao recurso de campanhas baseadas em *fakes news* – um elemento novo no mundo da comunicação virtual – e com um discurso de desmoralização da classe política tradicional.

Tanto mais grave é a situação quanto mais as sombras que nos espreitam não parecem ser percebidas por uma parte significativa da população que, não se conscientizando dos perigos que se colocam contra ela mesma, adere com alguma facilidade à carnavalização da alienação política, ao espetáculo do elitismo, à autoimolação dos direitos a saúde, cultura, bem-estar social e condições dignas e aceitáveis de trabalho e previdência[14]. Não é o caso de discutir os atuais problemas políticos brasileiros nos limites desta palestra sobre historiografia, mas interessam-nos particularmente antever as possibilidades de uma história-resistência que se coloque contra as emergentes propostas de retrocesso educacional, incluindo o curioso programa da "Escola Sem Partido".

Para a História, e para as ciências humanas de modo geral, pensar um modelo de conhecimento no qual se afirma uma pretensa necessidade de neutralidade diante da qual deveriam ser punidos os posicionamentos políticos e sociais implícitos nas interpretações da realidade social trazidas pela História e pela Geografia, entre outras ciências humanas, constitui um retorno a uma fase primária da historiografia. Afinal, se o reconhecimento da necessidade de uma sempre incontornável problematização historiográfica havia sido uma conquista fundamental para a historiografia do século XX, como retroceder para um ensino de História no qual o objetivo único seria apenas o de informar datas e fatos aparentemente desligados das possibilidades interpretativas?

Deveríamos retornar às insustentáveis pretensões de uma antiga história factual? Seria a função dos professores de história apenas narrar certa seleção de fatos, despolitizados e pretensamente impermeáveis às interpretações, de modo a conduzir os seus alunos, através de uma estranha viagem de volta no tempo, até o setor factual-positivista da historiografia mais conservadora do século XIX? Mais ainda, além de tal concepção ferir o próprio progresso historiográfico que sempre tem seguido pela senda de uma ciência interpretativa e problematizante, já mais do que secular, está mesmo ameaçada a própria permanência da disciplina História nos currículos escolares.

Tais acontecimentos reforçam a necessidade de que, em continuidade com esta que já foi uma das conquistas essenciais do século anterior, a historiografia deste novo milênio prossiga com uma história-resistência cujo signo central deve ser o da "responsabilidade social".

Penso mesmo que, se o século passado nos legou a possibilidade de desenvolver uma História Vista de Baixo, podemos esperar do nosso novo século que nele, além de se conservar esta possibilidade, afirme-se a tendência a sofisticá-la na direção de algo como uma "história vista de todos os lados", assim compreendida como a História que apresenta adequadamente as diversas perspectivas relacionadas a todos os setores sociais e identidades culturais.

A "História Vista de Todos os Lados" seria sinônima de uma "História Inclusiva". Acredito que, se a história-resistência do século XX pôde ser percebida como uma oposição da "História Vista de Baixo" àquilo que muitos categorizam como o campo da historiografia oficial, estatal, atenciosa aos interesses dominantes, já a história-resistência do século XXI poderá se colocar nos termos de uma oposição entre uma "história inclusiva" e uma "história excludente". Nesta nova perspectiva, mais abrangente, a História Vista de Baixo torna-se um capítulo fundamental da História Inclusiva, que por outro lado atravessa a sociedade de alto a baixo, por todos os lados, em todas as profundidades. As desigualdades decorrentes do capitalismo podem ser em boa parte afrontadas por uma História Vista de Baixo. Existem, contudo, vários outros tipos de assimetrias, como aquelas derivadas do pós-colonialismo, tais como a discriminação racial e a xenofobia, ou ainda outras derivadas da longíssima duração e da infindável extensão histórica do patriarcalismo, tais como a discriminação sexual e o sexismo. Essas assimetrias poderão ser mais bem delineadas se tivermos em mente a necessidade de trabalhar por uma História Inclusiva[15].

De igual maneira, devem encontrar os seus lugares em uma História Inclusiva – sem hierarquias que os submetam ou lhes imponham tutelas – os regionalismos de todos os tipos, sejam os relativos a áreas culturais-geográficas, como no caso do Brasil, sejam os relacionados ao delineamento de identidades nacionais internas a um mesmo Estado – tal como ocorre com a contraposição entre o plurinacionalismo espanhol e as identidades catalã, basca e galega, cada qual com a sua história particular (e, portanto, com as suas demandas por uma historiografia particular) e a sua inserção mais geral na própria História da Espanha. O que não dizer, para trazer aqui mais um exemplo, da necessidade ainda premente de uma história escrita dos povos indígenas e do movimento zapatista, que surpreendeu tão enfaticamente o universo político do México na passagem para o novo milênio, abrindo seu caminho na história daquele país e dos movimentos sociais e revolucionários?

Além de trabalhar em favor de uma História Inclusiva, abordar a História (historiografia) com responsabilidade social é também estimular nos leitores e alunos de História o desenvolvimento de uma capacidade crítica que poderá ser depois utilizada para mudar o mundo em que vivem. Voltaremos na sexta proposição a este e outros pontos, pois ali postularemos que uma das tarefas da nova historiografia deverá ser a de contribuir para transferir para grandes faixas da população a capacidade crítica de análise de fontes que tem sido desenvolvida pelos historiadores em dois séculos de instalação da historiografia científica. Por ora, quero passar à segunda palavra-chave que pode simbolizar mais uma proposta para a historiografia do novo milênio: a Criatividade – ou, mais especificamente, o fator relacionado a uma "escrita criativa" que poderia realçar a possibilidade de que a História, além de se afirmar como uma ciência nos aspectos pertinentes à pesquisa, desenvolva-se também como uma arte nos momentos em que o historiador elabora seu texto ou se empenha em expor criativamente os resultados de sua pesquisa científica.

4

Criatividade

A segunda proposição que discutirei refere-se a outro desafio vital para a História, e que tem se tornado cada vez mais importante nas últimas décadas. Refiro-me ao fato de que História não é apenas "algo que se pesquisa", e que, no mesmo movimento, é submetido a uma análise; a História também é "algo que se escreve". Em outras palavras, a História não corresponde apenas a um campo científico de pesquisas: ela é também, em certo sentido, uma arte. O que é cientificamente pesquisado e analisado pelos historiadores precisa ser, por eles, apresentado em forma de texto. Por isso estes mesmos historiadores têm exigências estéticas a cumprir. Além de pesquisadores hábeis, e de formuladores de problemas historiográficos, os historiadores precisam escrever. Com todo o direito, eles devem se afirmar não apenas como cientistas, mas também como literatos, hábeis artífices de um texto que também precisa ser valorizado na sua potência estética[16].

Posto isso, é preciso salientar que já é uma ideia antiga, aceita pela maior parte dos historiadores, a de que a História é um gênero de saber que envolve simultaneamente "pesquisa e artesanato"[17]. Ainda assim, podemos partir da percepção de um sintoma importante. Nas últimas décadas, temos assistido a um fenômeno editorial que tem perturbado de alguma maneira os meios historiográficos. Obras de História têm sido elaboradas por escritores que não são historiadores de formação, e muitas delas têm alcançado sucesso editorial impressionante em termos de vendagem de livros. Não tem sido rara, por exemplo, a afirmação editorial da figura do jornalista que se faz historiador, e que conquista um amplo público para suas realizações na área de história[18].

Enquanto isso, as obras de história elaboradas por historiadores profissionais, com todo o rigor científico, por vezes despertam pouca ou menor atenção do grande público. No Brasil essa tendência tem se mostrado particularmente saliente. Qual é a raiz desse problema? Esta pergunta faz desta segunda proposta não apenas um desafio para a historiografia, mas também para o Ensino de História.

Parece-me claro que os currículos de graduação em História já não deveriam prescindir de oferecer, aos historiadores em formação, disciplinas que os habilitem a lidar de maneira mais competente, e mesmo artística, com a Escrita da História. Existe ainda um fator adicional a ser considerado quando falamos na necessidade de desenvolver uma escrita criativa da História. É que, se a História, no âmbito da pesquisa, é elaborada por especialistas, no âmbito da produção de texto ela deve se voltar para públicos diversificados, menos ou mais especializados. O historiador não escreve apenas para a Academia. E, mesmo quando faz isso, também pode buscar trazer ao seu leitor acadêmico uma leitura prazerosa, criativa, inovadora.

Há duas questões aí envolvidas. A escrita da História pode ser mais agradável e, também, pode ser mais criativa. O último século já vinha assistindo a experiências importantes no âmbito da criação literária, particularmente no que se refere à escrita imaginativa. Os autores de romances, por exemplo, têm experimentado as mais inovadoras e inusitadas formas de entretecerem suas narrativas. O tempo, por exemplo, é tratado pelos escritores de ficção de maneira criativa, permitindo idas e vindas, abrindo-se para a exploração do tempo psicológico, para o entrecruzamento de ritmos temporais diversos.

Na historiografia, Fernand Braudel deu-nos, há muitas décadas, com seu célebre livro *O Mediterrâneo e o Mundo Mediterrânico na época de Felipe II* (1949), o exemplo de uma abordagem mais criativa do tempo na narrativa histórica ao articular durações diversas sujeitas a diferentes ritmos temporais. De modo geral, contudo, é possível dizer que a escrita dos historiadores tem apresentado soluções relativamente modestas para o tratamento do tempo narrativo: muito habitualmente, tem-se um tempo tratado linear e progressivamente, com um encaminhamento facilmente previsível e incapaz de surpreender o leitor.

É marcante o contraste entre a apenas modesta inventividade da escrita historiográfica no último século e a extraordinária ousadia criativa alcançada pela literatura moderna no mesmo período. Ao mesmo tempo em que os literatos foram pródigos em experimentos textuais durante todo o século XX, salta à vista o quão pouco experimental foi a narrativa histórica neste mesmo período, padrão que não se modificou muito ainda nestas décadas iniciais do novo milênio. Seria permitido a um historiador moderno escrever como José Saramago ou Guimarães Rosa? O quanto poderiam os historiadores ainda aprender com a escrita polifônica de Dostoiévski, tão bem analisada por Mikhail Bakhtin?

Poderíamos ainda nos perguntar: A Academia abre possibilidades para que os historiadores mobilizem recursos poéticos na escrita de seus textos? Como lidar com o já mencionado "fator tempo", para além das possibilidades unidirecionais que habitualmente são escolhidas e administradas pelos historiadores profissionais na sua escrita mais habitual? Como lidar mais criativamente, enfim, com a parte de "artefato literário" que é inerente à História, coadunando-a à dimensão de cientificidade que lhe é trazida pela pesquisa?[19] Estas perguntas e outras nos levam a pensar em alguns horizontes de preocupações e possibilidades que poderiam pautar a busca dos historiadores por uma escrita cada vez mais eficaz, interessante e criativa, capaz de interessar de modos diversos ao seu diversificado universo de leitores.

Penso que os historiadores das novas gerações serão cada vez mais convidados a se tornarem escritores mais criativos, eficientes e estimulantes, com capacidade efetiva de diversificar seus modos de escrita e de interessar mais vivamente a distintas faixas de público-leitor, sem que em nenhuma dessas operações decaia a densidade e a profundidade científica de seus trabalhos. Um pequeno quadro de desafios a serem enfrentados pela escrita historiográfica futura pode ser esboçado a seguir.

Entre outros aspectos, duas ordens de questões que merecem atenção, e que serão comentadas oportunamente, são aquelas que nos apresentam a possibilidade de desenvolver recursos para expor, em um único texto, "distintas vozes sociais" – ultrapassando, assim, a narrativa unidirecional que encaminha o ponto de vista único – e ainda a possibilidade de explorar "novos modos de lidar com o tempo", para além da mera perspectiva do tempo linear, unidirecional e progressivo que é desenrolado em uma única cadência.

Existe já, é justo dizer, um certo número de experiências recentes que merece destaque por atribuir ao estilo, à forma e, também, à inventividade da escrita um papel mais central na historiografia. Os micro-historiadores, por exemplo, têm colocado o aspecto da escrita final do texto como uma questão crucial, que é capaz de afetar inclusive o que pode ser passado ao leitor acerca da pesquisa realizada pelo historiador. A escolha de um ou outro caminho narrativo, ou a opção por certa forma dada ao texto, também tem as suas implicações, inclusive para a própria dimensão da pesquisa histórica – um aspecto que não tem fugido à consideração de alguns historiadores.

A Micro-História, para seguirmos com este exemplo, tem se esmerado em avivar as implicações da forma literária escolhida pelo autor-historiador em relação às instâncias da pesquisa historiográfica. Esforços como esses chamam atenção para o fato de que Pesquisa e Escrita não são instâncias que se desenvolvem necessariamente em separado[20].

De todo modo, hoje como ontem, a massa de historiadores profissionais tem formado grandes escritores, no sentido de produção do artefato literário da história. Os séculos XIX e XX foram pródigos em grandes historiadores que se exprimiram com exímia capacidade literária, e, hoje em dia, ainda é assim. No nível mais mediano constituído pela grande massa dos historiadores, contudo, penso que ainda se discute pouco a importância da escrita, do fazer literário implicado pela História. Trazendo para este ponto a discussão sobre o Ensino de História no âmbito de graduação, quero sustentar a minha convicção de que os historiadores em formação precisam aprender técnicas literárias e estratégias discursivas, tanto mais eficazes como mais instigantes de um ponto de vista da leitura que poderá ser proporcionada aos seus leitores. O historiador profissional precisa também se formar como escritor. Isso me parece imprescindível.

Esta questão, particularmente importante, leva-nos a um novo eixo de discussões. Como será possível fornecer aos historiadores em formação, particularmente através do Ensino de Graduação em História, as competências que os habilitarão a também serem experimentadores de novos modos de narrar a história, ou de expor os problemas historiográficos? Não será importante para o historiador em formação o estudo da Literatura, não apenas como fonte histórica ou como objeto de pesquisa, mas também como campo de recursos que podem vir a ser incorporados ao *metier* historiográfico de construção textual?

O hábito de ler obras de literatura imaginativa, neste sentido, não poderia ser um elemento importante para a formação do historiador? O currículo de Graduação em História não deveria contemplar – e agora como crédito obrigatório – pelo menos uma disciplina que trabalhasse com a invenção literária, particularmente aplicada à historiografia, e com os recursos diversificados da narrativa e da arte da descrição que têm sido mobilizados na Literatura?

Se os historiadores profissionais não tiverem pleno sucesso em se transformar em exímios escritores, estarão sempre ameaçados de perderem seu lugar de destaque, junto ao grande público leitor, para os profissionais de outras áreas que têm publicado trabalhos de História. Em uma palavra, é preciso que o historiador em formação seja habituado a enxergar a sua prática não apenas como uma ciência, mas também como uma arte. Esta exigência, contudo, traz complexidades adicionais, que implicam a possibilidade de diálogos com novos campos interdisciplinares. Refletiremos sobre alguns destes diálogos em seguida.

5

Novas Interdisciplinaridades

Quando apresentei mais rapidamente as seis tarefas que foram bem conduzidas pelos historiadores do século passado, atribuí um lugar bastante especial, entre elas, à conquista historiográfica da interdisciplinaridade. Esse tema é amplamente conhecido nas obras de história da historiografia, e é adequadamente ensinado em nossos cursos de graduação em História. Costumam ser muito lembrados projetos interdisciplinares como o da Escola dos Annales. Os próprios currículos de graduação em História nas diversas universidades de nosso país, e em muitos outros, demonstram como o projeto da interdisciplinaridade saiu-se vitorioso na historiografia do último século. Se investigarmos os perfis curriculares dos cursos de graduação em história, sempre iremos encontrar um elenco relevante de disciplinas referentes a outros campos de saber entre aquelas que precisam fazer parte da formação de nossos alunos de graduação em História. De universidade a universidade, podem mudar mais especificamente quais são as interdisciplinas que serão estudadas em um currículo de quatro anos, mas elas estão sempre presentes. Em algumas universidades serão oferecidas aos estudantes de História o aprendizado da Geografia, da Antropologia, da Sociologia; em outras poderá despontar a presença curricular da Psicologia, da Ciência Política, da Economia, e assim por diante. As disciplinas, enfim, podem variar; mas o reconhecimento da importância da experiência e do diálogo interdisciplinar está sempre ali.

O projeto interdisciplinar proposto pela historiografia do século XX saiu-se vitorioso. Podemos nos perguntar, entretanto, se ele já se completou. O terceiro desafio a ser enfrentado, e a terceira proposição que apresento para uma historiografia do novo milênio, é a exploração de novas interdisciplinaridades. Antes de pensar quais seriam elas, perguntemo-nos inicialmente quais foram as interdisciplinaridades exploradas pela historiografia do século anterior. E, antes disso, reflitamos por um instante sobre os motivos que fizeram da interdisciplinaridade um item programático importante para a historiografia daquele século. Para isso, é incontornável compreender que os historiadores do século XIX tiveram entre suas principais tarefas a fixação das fronteiras disciplinares da História; tais fronteiras, quando ameaçaram se transformar em limites muito rígidos, passaram a ser desafiadas salutarmente no século XX, consistindo este movimento, precisamente, no projeto da interdisciplinaridade.

Delinear a singularidade da história enquanto campo de saber, definir a matriz historiográfica, fixar aquilo que faz da História um campo de saber único, distinto de todos os outros, havia sido uma conquista dos historiadores oitocentistas. Há uma hora, no entanto, em que as fronteiras ameaçam se transformar em limites, arriscam-se a favorecer a construção de muros, ou promovem o isolamento dos saberes. Depois de definido o perfil disciplinar da História, o movimento complementar, para fora, era imprescindível. Esta foi uma das tarefas da historiografia do século XX.

O que busca um campo de saber em outro quando constrói, com ele, um novo diálogo? De modo mais geral – além do compartilhamento de objetos de estudo em comum e da formação de equipes interdisciplinares para ensino ou pesquisa – há pelo menos três possibilidades de interação entre dois campos de saber, ou três "pontes interdisciplinares", por assim dizer[21]. Uma destas pontes é a Teoria. Uma disciplina pode importar ou se inspirar em conceitos de outra; ou aplicar perspectivas teóricas que são habituais em outra disciplina. A Metodologia constitui uma segunda ponte interdisciplinar possível, e permite que técnicas e métodos sejam apropriados de um para outro campo. Por fim, o Discurso – ou os modos de expressão – pode vir a constituir outra possibilidade muito comum de ponte interdisciplinar. Estes três lugares de troca – a Teoria, a Metodologia e o Discurso – foram bem explorados pelos historiadores do século XX que se entregaram à aventura interdisciplinar de modo a romper ou flexibilizar os limites de sua disciplina e repensar seus pontos de imobilidade.

Em relação à pergunta sobre quais seriam as interdisciplinaridades nas quais se inspirou a historiografia no século XX para renovar suas teorias, métodos e estratégias discursivas, é quase natural compreender que estas não poderiam deixar de ter sido, em um primeiro momento, as demais disciplinas ligadas às ciências humanas e sociais.

A Geografia, ciência-irmã da História – quase uma gêmea univitelina nos seus primórdios – foi a primeira a se apresentar ou a ser evocada para um diálogo interdisciplinar com os historiadores. De igual maneira, Antropologia, Sociologia, Ciência Política, Linguística, Economia, Psicologia – cada uma destas disciplinas tiveram um papel importante no movimento interdisciplinar promovido pelos historiadores do século XX, entre outros campos de saber que poderiam ser citados.

O esquema acima registra dez disciplinas importantes com as quais os historiadores interagiram mais recorrentemente no decorrer do último século, embora haja outras que entraram em diálogo mais específico com certos campos históricos, ao exemplo do Urbanismo, em relação à História Urbana, ou dos saberes médicos em referência às temáticas de História da doença e da saúde. Além disso, parceiras mais antigas, cuja colaboração remonta ao século XIX, são aquelas que um dia chegaram a ser percebidas pelos historiadores como "ciências auxiliares" no que se refere a aspectos metodológicos relacionados à coleta, crítica e conservação de fontes, tais como a Arqueologia, a Filologia e a Arquivística[22].

Temos um vasto quadro ou ambiente de interdisciplinaridades alcançadas no século XX, se considerarmos esses e outros campos de saber que ajudaram a renovar a História nos aspectos teóricos, metodológicos, discursivos e na ampliação de seus interesses temáticos. Para a realização de projetos de pesquisa e ensino específicos, o estímulo à formação de equipes interdisciplinares constituídas por historiadores, geógrafos, antropólogos, sociólogos e outros cientistas humanos foi igualmente comum no último século.

Pergunto-me, no entanto, se o projeto interdisciplinar da História já se concluiu, e se esse campo de saber e de atuação pode se dar por satisfeito com os diálogos, certamente profícuos e fundamentais, que estabeleceu e consolidou até aqui. Nesta terceira proposição, vou postular que não. Entrevejo ainda uma série de interdisciplinaridades que urgem ser exploradas pelos historiadores deste novo século que já adentramos. As principais delas, conforme vou propor, referem-se aos campos artísticos de expressão, e ainda às disciplinas ligadas à comunicação e à informática.

Além dos novos campos de saber e das novas linguagens e âmbitos de recursos que enfatizarei a seguir, avizinham-se ainda interdisciplinaridades importantes decorrentes de questões prementes e urgentes de nossa época, como ocorre com os diálogos que têm sido estabelecidos entre a Ecologia e a História Ambiental, ou decorrentes de certos avanços extraordinários e surpreendentes na ciência de modo geral, tal como ocorreu com as pesquisas sobre o Genoma Humano, capazes de trazer aos historiadores informações precisas sobre aspectos relacionados ao organismo humano e de recuar, na história da espécie humana, a períodos que até então eram configurados como uma pré-história, parcialmente inacessível aos historiadores senão através de identificação paleoarqueológica de objetos e fósseis[23].

O afloramento de questões ligadas ao Patrimônio e à Memória, uma preocupação relativamente recente dos governos nacionais, leva ainda a motivar o diálogo interdisciplinar da História com áreas como a "Memória Social e Patrimônio", e a reavivar diálogos com ciências como a Museologia.

Na presente proposição, um tanto exemplificativamente, abordarei principalmente as novas interdisciplinaridades da história com campos artísticos como Música, Cinema, Literatura – os quais julgo que podem trazer contribuições surpreendentes para o pensar, o fazer e a escrita da História. No próximo item também abordarei os diálogos interdisciplinares relacionados à Informática. Entrementes, deixo registrado no esquema acima, no arco mais geral de saberes que mencionei, algumas interdisciplinaridades que se abriram aos historiadores em tempos mais recentes.

Quando dizemos que será uma tarefa dos historiadores do novo milênio explorar a interdisciplinaridade entre História e campos ligados aos modos de expressão artística, como o Cinema ou a Música, é preciso ficar claro que não se trata mais da relação verticalizada entre um campo de saber – a História – e um objeto de estudo sobre o qual se incide o olhar historiográfico, como o Cinema por exemplo. Esta relação já tem sido bem percorrida pelos historiadores desde o século passado, os quais fizeram do Cinema um dos seus mais instigantes temas de estudo através do que podemos categorizar como uma História do Cinema. Também se trata mais da igualmente bem percorrida possibilidade de utilizar o Cinema (ou os filmes produzidos neste campo artístico) como fontes históricas. Essa História através do Cinema, ou seja, essa História que toma os filmes como fontes para entender aspectos diversos como o mundo político, as relações sociais, a economia, as relações de gênero, e inúmeras outras temáticas, é também uma conquista dos historiadores desde o século XX.

A nova interdisciplinaridade com o Cinema, entretanto, será aquela que permitirá uma renovação da historiografia a partir dos seus conceitos, dos seus modos de tratamento do tempo, do uso de recursos extraídos da linguagem cinematográfica propriamente dita, dos novos e variados modos de imaginação proporcionados pelo Cinema, e assim por diante. Ou seja, a interdisciplinaridade entre História e Cinema será possível quando os historiadores explorarem as pontes intertextuais que atrás indicamos: a Teoria, o Método, o Discurso.

Vou ilustrar uma dessas possibilidades com o exemplo do tempo. Desde seus primórdios, o Cinema tem enfrentado criativamente as possibilidades de lidar com o tempo nas suas narrativas fílmicas. Com o Cinema, dois tempos podem ser enunciados simultaneamente, através da montagem. Além disso, a narrativa fílmica introduz habitualmente, no seu fluxo, várias idas e vindas no tempo, quebrando a linearidade que fixa um ponto inicial e daí avança para o futuro em um mesmo ritmo. A narrativa fílmica comporta, além das idas e vindas, variações de ritmo: acelerações e retardos do tempo. Há ainda o confronto entre o tempo real e outras instâncias temporais: o tempo psicológico, o tempo do sonho, o tempo da memória. O recurso em confrontar distintas densidades de tempo através do contraste entre cenas a cor e cenas em preto e branco é apenas um dos muitos exemplos de invenções narrativas e expressivas introduzidas pelos cineastas.

No texto histórico, ao contrário, quase sempre nos defrontamos com um tratamento muito linear do tempo. Não poderia o Cinema ajudar a historiografia a renovar o seu discurso, ou mesmo a metodologia de apresentação dos seus resultados de pesquisa? Criar novos modos de tratamento do tempo, ultrapassando a linearidade, seria, a meu ver, uma tarefa para os historiadores deste novo século. Ainda estamos longe disso, embora se possa perceber que, a partir dos anos de 1980, começam a aparecer na historiografia algumas ousadias criadoras relacionadas a novas formas de tratar o tempo. Nas últimas décadas, alguns historiadores têm assumido a missão de serem pioneiros na incorporação de técnicas narrativas introduzidas pela literatura e pelo cinema moderno, e ousaram retomar a narrativa historiográfica – acompanhando o grande movimento de revalorização explícita da narrativa na história[24] – mas cuidando particularmente de assegurar a libertação em relação a uma determinada imagem de tempo mais linear ou mais fatalmente progressiva na apresentação de suas histórias (ou seja, na elaboração final dos seus textos).

Uma das experiências inovadoras em relação ao tratamento mais sofisticado do tempo foi realizada por Norman Davies em *Heart of Europe*. Nessa obra, o autor focaliza uma História da Polônia encadeada da frente para trás em capítulos que começam no período posterior à Segunda Guerra Mundial e recuam até chegar ao período situado entre 1795 e 1918[25]. Trata-se, enfim, não apenas de uma história investigada às avessas, como também de uma história representada às avessas. O historiador inglês Peter Burke rastreou algumas das experiências recentes mais inovadoras no que concerne à elaboração de uma narrativa ou descrição historiográfica.

As experiências vão desde as histórias que se movimentam para frente e para trás, como a que acabamos de citar, ou dos modelos narrativos que oscilam entre os tempos público e privado[26], até as experiências de captação do fluxo mental dos agentes históricos, explorando, nesse mesmo movimento, o tempo interno e intersubjetivo.

Essas e outras experiências narrativas pressupõem formas criativas de visualizar o tempo, ancoradas em percepções várias como as de que o tempo psicológico difere do tempo cronológico convencional, de que o tempo é uma experiência subjetiva (que varia de agente a agente), de que o tempo do próprio narrador externo diferencia-se dos tempos implícitos nos conteúdos narrativos[27], e de que mesmo o aspecto progressivo do tempo é apenas uma imagem a que estamos acorrentados enquanto passageiros da concretude cotidiana, mas que pode ser rompida pelo historiador no ato de construção e representação de suas histórias. Esta ousadia de inovar na representação do tempo, de transcender a linearidade habitual a partir da qual vemos e concebemos a temporalidade, pode ser também aprendida por aquele que adentra o mundo da formação histórica, e o papel da interdisciplinaridade com a Literatura e com o Cinema mostra-se indispensável para completar a aquisição de mais esta competência necessária ao historiador profissional, o que nos leva mais uma vez às relações entre escrita da História e Ensino de História em nível de graduação.

A interdisciplinaridade Cinema-História ainda nos coloca outras possibilidades, para além da inspiração dos historiadores nos conceitos trazidos pelo cinema – tais como montagem, multiplicidade de tempos, entre outros –, mas também a possibilidade de que o Cinema ofereça um novo suporte aos historiadores, para além da já tradicional exploração do formato-livro. Não estaria aberta, neste novo milênio, a possibilidade para que não apenas os cineastas se apropriem da História, como também os historiadores se apropriem do Cinema? Não poderiam os historiadores tomar a si o caráter diretivo de grandes trabalhos historiográficos que tragam como suporte o Cinema, e, nesta perspectiva, não seria o caso de trazer o cineasta para a equipe técnica do historiador, e não o contrário?

Passo a discutir agora o caso da Música. Seria possível aos historiadores encontrar na Música novas pontes interdisciplinares? Insistimos mais uma vez: não se trata mais de apreender a Música como objeto de estudo, ou de utilizar as realizações musicais como fontes históricas. Isso já começou a ser feito desde o século passado, com aqueles que trabalham a História da Música e a História através da Música. Em uma direção inteiramente distinta dessas apropriações historiográficas que tomam a Música como objeto ou como fonte histórica, estamos mais perto, neste novo século, de outros modos de interação entre História e Música, entre os quais a possibilidade de utilizar conceitos e modos de imaginação típicos da Música para a renovação da História como campo de saber. Será que certos conceitos típicos de Música (enquanto disciplina ou prática) não poderiam contribuir para oferecer à História novos modos de análise, novos recursos expressivos, novas aproximações teóricas? A imaginação musical não poderia contribuir para renovar os modos de imaginação que já são típicos dos historiadores?

Já existem experiências nessa direção, diálogos interdisciplinares em movimento, conceitos compartilhados. Um exemplo é a utilização do conceito de *polifonia* para nos referirmos a determinados tipos de fontes históricas, ou de expectativas que podem ser estabelecidas para tratamento de certas fontes históricas.

A polifonia, na música, corresponde à sucessão simultânea de diversas vozes musicais, ou de diversas melodias que caminham juntas, estabelecendo contrapontos, diálogos, imitações, dialéticas de pergunta e resposta. A música de Johan Sebastian Bach (1685-1750), compositor alemão da última fase do período barroco (primeira metade do século XVIII) – mas também as composições jazzísticas para conjuntos diversos ou a música instrumental trazida por gêneros como o Choro –, oferece magníficas elaborações de construções musicais polifônicas.

Linguistas como Mikhail Bakhtin (1895-1975) utilizaram o conceito de polifonia fora do campo mais propriamente musical, aplicando-o à Literatura[28]. Bakhtin vale-se da ideia de polifonia para se referir à escrita literária do escritor russo Fiódor Dostoiévski (1821-1881), mas também a estende a diversas outras criações no campo do Romance, argumentando que, nesta forma de escrever, o discurso autoral pode ser contraposto a uma diversidade de vozes distintas que se afirmam enfaticamente, seja a partir dos diversos personagens, seja através de inserções narrativas que trazem outros discursos que não são o do autor do texto. A esse jogo de várias vozes que ora dialogam, ora se contrapõem ou se digladiam, ora se citam mutuamente, ora expressam diferentes discursos ligados a diferentes comunidades linguísticas, Bakhtin denominou *dialogismo*.

O chamado "romance polifônico", para Bakhtin, seria aquele no qual, ao lado do narrador principal que conduz temporalmente o fio do discurso, afirmam-se diversas vozes ideológicas contraditórias[29]. A bem dizer, na polifonia literária autêntica não deveria existir uma voz que subordina as outras, o que seria uma "monologia" ou o equivalente a uma "homofonia musical", mas sim um autêntico dialogismo que estabelece uma trama na qual as diversas vozes polemizam entre si, afirmando cada qual a sua visão de mundo.

A perspectiva da polifonia foi trazida para a História, a partir de Bakhtin, por autores como Carlo Ginzburg, entre muitos outros. Pode-se dizer, neste caso, que um conceito originário da Música, mediado pelo campo da crítica literária e da linguística, terminou por ser assimilado pela História de modo a produzir novas perspectivas teóricas e metodológicas. É a isso que me refiro quando digo que a última e mais fascinante possibilidade de interação entre Música e História se refere à possibilidade de que o campo musical forneça aos historiadores novos conceitos e mesmo modos de imaginação inéditos, capazes de renovar a História.

O vocabulário musical passou também à metodologia da História. Chamamos de fontes polifônicas àquelas que apresentam um padrão mais intenso de dialogismo em decorrência da própria maneira como estão estruturadas, ou em função dos próprios objetivos que as materializaram. Podemos também chamá-las de "fontes dialógicas", em atenção à contribuição de Bakhtin. De todo modo, a característica deste tipo de fontes é que a polifonia se torna tangível. O historiador pode ler nelas uma trama formada por diversas vozes, da mesma maneira que o maestro tem sob seus olhos, ao ler a sua partitura, as diversas melodias encaminhadas pelos vários instrumentos da orquestra.

Fontes dialógicas ou "polifônicas", por excelência, entre várias outras que poderiam ser mencionadas, são os processos criminais e inquisitoriais – conjuntos documentais que envolvem depoimentos de réus, testemunhas e acusadores, mas também a figura destes mediadores que são os delegados de polícia e os inquisidores, como também os advogados para o caso dos processos jurídicos modernos. Mesmo a vítima de um assassinato, imobilizada na cena de um crime no último instante de sua vida, fala de muitos modos aos investigadores e faz-se registrar no processo, através dos inúmeros fatos e objetos de sua vida que são esquadrinhados, das frases que proferiu nas últimas semanas e que são recuperadas na investigação, do seu corpo que será lido e relido pela perícia criminal.

Há uma polifonia, enfim, que encontra a sua orquestração no interior de um processo de qualquer tipo, criminal ou civil. Para os historiadores, não se tratará obviamente de encontrar culpados ou de resolver o crime, mas sim de ler vidas e relações sociais através dessa polifonia habitada por diversas vozes que falam de suas vidas cotidianas, de sua classe e posição de classe, de suas relações mútuas, das hierarquias que as submetem, de suas práticas culturais, de seu imaginário.

A utilização do conceito de "polifonia" para compreender a superposição de distintas vozes em uma fonte histórica é um bom exemplo de que historiadores e músicos já começaram a estender entre seus campos de práticas e estudo pontes interdisciplinares relativas à Teoria, ao Método e ao Discurso. A percepção polifônica, definitivamente, adentrou a metodologia historiográfica e os seus modos de expressão. Os historiadores, certamente, tiveram e ainda terão muito a aprender com os músicos[30].

Em relação à Literatura, por tudo que já dissemos na sessão em que discorremos sobre a proposta de uma escrita mais rica e criativa, são já bem evidentes os benefícios a serem trazidos por esta nova interdisciplinaridade – agora se colocando a Literatura não mais como objeto ou fonte para os estudos de História, mas como campo de recursos que pode ajudar a trazer novas possibilidades para pensar e expressar a própria História. Encerro esta reflexão sobre as interdisciplinaridades artísticas – amparada nos exemplos do Cinema, da Música e da Literatura – registrando o aspecto que é partilhado pelas três: a necessidade de ultrapassar o uso historiográfico desses três campos apenas como objeto histórico e fonte, almejando-se agora diálogos interdisciplinares que os considerem como campos que podem trazer aos historiadores novos modos de pensar a história, novos conceitos a serem utilizados, novos modos de expressão a serem trabalhados, novos métodos de pesquisa e escrita. Aos três campos sobre os quais discorri, exemplificativamente, poderiam se juntar outros como a Pintura e a Fotografia.

Avizinha-se ainda, como já foi dito, o diálogo interdisciplinar com as recentes pesquisas científicas sobre o genoma, que já permitem tomar como fonte histórica este nosso corpo humano que contém outros corpos já desaparecidos, mas que nele sobrevivem através de heranças genéticas, de permanências e mutações. Além disso, certas tarefas para as quais têm sido convidados os historiadores, tais como a participação nas chamadas Comissões de Verdade, levam diretamente à recorrência de novos diálogos (mais transdisciplinares que interdisciplinares) amparados na formação de equipes que incluem campos como o das Ciências Jurídicas e o da Perícia Criminal[31].

As novas interdisciplinaridades, por fim, também devem contemplar as Ciências da Comunicação, os novos meios midiáticos e os recursos trazidos pela Informática e pela revolução digital que é tão característica deste novo século. Mas discutiremos este último aspecto em uma nova proposição, a seguir.

6

Variedade

A historiografia dos novos tempos tende a se tornar cada vez mais variada e abrangente. Nesta proposição, vou discorrer sobre o primeiro aspecto. Falar em "variedade" para a historiografia dos novos tempos remete a muitos caminhos e possibilidades de reflexão. Há certamente a variedade de expectativas-leitoras e demandas sociais, bem como de pontos de vista autorais que precisamos considerar em uma sociedade que se deseja cada vez mais democrática. Há a variedade nos novos modos possíveis de se apresentar a História, em especial no que se refere aos próprios suportes e recursos que se disponibilizam para o texto historiográfico. Há a variedade de modos de escrita, de estilos e experimentos literários que podem ser mobilizados para se tratar de aspectos como o tempo, a diversidade social, o fluxo narrativo, entre outros. Sobre estes últimos aspectos, já discorremos em uma das proposições anteriores (a "criatividade na escrita"), e por isso não retomarei o tema. Sobre a variedade autoral, deslocaremos a questão para o item que se segue a este, no qual falaremos sobre a Abrangência.

Quanto à variedade contemporânea de modos de apresentar a História, em relação aos diferentes tipos de suporte que estão se tornando cada vez mais disponíveis aos historiadores, será este o assunto que desenvolveremos agora, o que também remete a um ponto de contato com a questão da apropriação historiográfica das novas tecnologias que se tornaram possíveis após a revolução digital. Por isso, inclusive, havíamos adiado também para agora a discussão sobre as novas interdisciplinaridades relacionadas à Informática e à Comunicação. Todos esses caminhos se encontram, agora, no tema que desenvolveremos a seguir.

Abordar a variedade de suportes possíveis para a História é, incontornavelmente, falar da tecnologia da qual esta precisará se apropriar cada vez mais na modernidade. De fato, uma reflexão que vise situar algumas propostas para a historiografia do novo milênio não pode deixar de considerar um dos aspectos mais característicos do novo século: a revolução digital com a qual o mesmo praticamente se abriu, se estendermos os seus limites para a década de 1990.

Embora os avanços informacionais e mesmo a Internet já tivessem principiado em décadas anteriores, é em meados dos anos de 1990 que os seus efeitos se estendem para todas as faixas da população e passam a transformar radicalmente os modos de vida e o perfil da sociedade como um todo, introduzindo novas possibilidades culturais e comunicativas que permitem que falemos de nosso tempo presente como o início de uma era digital.

Uma revolução, de fato, deve ser entendida como algo que afeta extensamente uma população, sendo que neste caso trata-se de grandes faixas da população do planeta inteiro. Vivemos uma revolução digital, conforme esta perspectiva. Mas a questão que se coloca agora, para esta nova proposição, refere-se àquilo que os historiadores poderão fazer com esta revolução, no sentido de ampliar, enriquecer e modificar os seus modos de fazer História.

Começo por evocar um aspecto que já mencionei na proposição sobre as novas interdisciplinaridades, a respeito dessa nova relação entre a História e o mundo digital, mas também com outras mídias. Como vimos antes, a ideia de que a História é também uma arte ou uma escrita, e de que o historiador precisa preocupar-se com os modos de apresentação do seu trabalho, leva-nos a um primeiro conjunto de reflexões.

O rápido desenvolvimento da tecnologia nas décadas que prenunciam e introduzem a revolução digital e, também, a expansão da historiografia na crescente apropriação de temas relacionados a outras linguagens como o cinema, a música, as artes visuais, sinalizam de fato a possibilidade de exploração crescente dos novos tipos de suporte que estariam à disposição dos historiadores no futuro. Por um lado, é possível nos perguntarmos se a História deverá estar sempre e inevitavelmente atrelada ao modelo de apresentação em forma escrita – e particularmente no tradicional formato de livro impresso – ou se, ao contrário, poderão os historiadores se utilizar de outras linguagens para apresentar o seu trabalho. Poderá o historiador das próximas décadas se valer, como recurso expressivo ou como suporte, do Cinema, da Fotografia, dos meios Midiáticos, ou mesmo da própria Música?

Já com relação ao modelo de "livro escrito" – mas já não mais necessariamente no formato impresso –, que novas possibilidades são anunciadas pelos recursos informacionais e computacionais? É preciso reconhecer que há algumas modalidades de textos virtuais que já são uma realidade muito presente e imediata, tais como os livros virtuais que

assumem a forma de *download* de livros comuns, ou como aqueles já construídos como um gênero virtual em si mesmo, aberto à interatividade do usuário.

Ficam para um futuro não muito distante outras propostas, tal como a de uma "historiografia holográfica" que se mostrasse bem-sucedida em levar o interlocutor da obra historiográfica a interagir dentro de um ambiente histórico virtual, cuidadosamente pesquisado e preparado por historiadores. O esquema acima reúne alguns novos suportes que talvez em breve passem a ser vistos na historiografia do novo milênio.

Com base nessas expectativas, e outras que poderiam ser pensadas, quero refletir a seguir em torno da possibilidade de surgimento ou fortalecimento de novas modalidades historiográficas que seriam definidas por variados tipos de suporte e novas possibilidades expressivas.

Três caminhos importantes, para além da já tradicional História Escrita – aquele modelo tão conhecido e onipresente da História que é elaborada no suporte do texto impresso – seriam os que evoco a seguir. (1) Poderíamos ter de saída a História Visual – a história construída através do discurso imagético, seja a partir da animação, da pintura, da fotografia, ou mesmo de uma linguagem simultaneamente visual e verbal como a dos quadrinhos. (2) De maneira análoga, poderíamos ter a História Material, que corresponderia a uma narrativa que lidasse com a exposição de objetos materiais, evocando-se aqui as já mencionadas interdisciplinaridades com a arqueologia e com a museologia. (3) Por fim, teríamos a História Virtual, correspondente à já mencionada possibilidade de a História se valer de todos os avanços proporcionados pela nova era digital. Antes de abordar este aspecto, no qual vou me concentrar um pouco mais adiante, quero apenas dizer algumas palavras sobre as possíveis modalidades da História Visual e da História Material.

Quando me refiro a uma História Visual, não estou pensando em uma História da Visualidade – a qual se dedique a trabalhar com fontes históricas ligadas à visualidade, ou mesmo com fontes de outros tipos que, não obstante, permitam apreender a instância visual de uma sociedade. Tampouco me refiro à utilização e tratamento de fontes imagéticas para investigação de problemas historiográficos diversos. Estes campos de possibilidades já têm sido bem percorridos pelos historiadores desde as últimas décadas do século passado, na mesma medida em que, tal como mencionei no início deste livro, foram duas tarefas importantes da historiografia do século XX a realização de uma extraordinária expansão dos tipos de fontes históricas e a multiplicação sem limites de objetos de estudo que interessam aos historiadores.

Desse modo, uma História da Visualidade definida nesses termos não seria mais uma novidade, embora muitos caminhos ainda precisem ser percorridos pelos historiadores para ultrapassar um estágio relativamente rudimentar, seja da utilização de fontes históricas visuais, seja da apreensão da instância visual de uma sociedade em todas as suas implicações[32]. A História das Imagens, e a História com Imagens, enfim, são já conquistas historiográficas do século anterior, embora ainda aguardem um mais intenso interesse dos pesquisadores e a ocorrência de um maior número de realizações historiográficas[33].

Neste momento, vou me referir mesmo a uma "História Visual", ou Audiovisual, que incorpore a visualidade e possivelmente inclua a sonorização e a Música como suportes, como meios principais para a transmissão dos resultados de uma pesquisa histórica e como recursos para a produção do próprio discurso do historiador.

O visual, que já vem frequentando a palheta dos historiadores como objeto de estudo e como fonte histórica, poderia passar a ser incorporado também como meio de expressão e suporte, como recurso através do qual se produz o próprio discurso historiográfico. Com essa finalidade, o discurso historiográfico visual poderia passar a se situar no mesmo plano que o discurso escrito, o qual tem sido o meio dominante há séculos de escrita historiográfica. Uma História Visual, desse modo, seria uma das alternativas que poderia se contrapor ao grafocentrismo que tem caracterizado quase todos os saberes e não apenas a historiografia – a qual, diga-se de passagem, traz em seu próprio nome (historio-grafia) o indício do padrão logocêntrico e grafocêntrico que recobre o universo de saberes que alcançaram um *status* acadêmico. A "palavra escrita" e o "número" praticamente têm monopolizado o universo expressivo dos diversos saberes acadêmicos. Não haveria possibilidade de trazer para uma ciência como a História outras formas de conduzir o discurso, tais como a Imagem, o Som, a Materialidade?

Certamente que, para almejar a possibilidade de explorar uma História Visual – assim como outras possibilidades que citarei – seriam necessários os já mencionados enriquecimentos no currículo das disciplinas que devem fazer parte das graduações de História, pois desta maneira o historiador em formação poderia ter meios de adquirir conhecimentos mais sólidos de fotografia, programação visual, cinema, ou mesmo música, para o caso mais específico da incorporação da sonoridade[34].

De todo modo, aprende-se uma linguagem não apenas nos bancos da universidade, mas trabalhando com ela. Uma vez que os historiadores já se têm familiarizado cada vez mais com fontes ligadas a outros suportes que não o textual, não será possível a eles mesmos, na produção de seus próprios textos, incorporarem esta linguagem que a eles vai se tornando cada vez mais familiar através da pesquisa e de suas análises historiográficas? Estudar imagens – e estudar através de imagens – é já um passo para a possibilidade de se comunicar através de imagens.

Já discutimos atrás o caso do Cinema. Se o historiador vinha se valendo deste como objeto e fonte histórica, vimos também que poderia se beneficiar da linguagem e dos conceitos das realizações fílmicas para renovar seus padrões narrativos e modos de tratar o tempo. Quero acrescentar agora que, para completar com plenitude a relação Cinema-História, será preciso que os historiadores também se apropriem do Cinema como um "meio" ou como um novo tipo de suporte para apresentação de seu trabalho, análises e resultados de pesquisa.

É fácil constatar, por um lado, que os cineastas já se apropriaram com grande eficiência da História, e já contam nas suas equipes técnicas com historiadores quando estão empenhados em produzir filmes históricos, ou mesmo filmes de ficção que se projetem de alguma maneira no passado real ou imaginário trazido pelos enredos de diversos tipos. Mas não estariam abertos, neste novo milênio, os caminhos que convidam não apenas a que os cineastas se apropriem da História, como também a que os historiadores se apropriem do Cinema? Não poderiam os historiadores tomar a si o caráter diretivo de grandes trabalhos historiográficos que tragam como suporte o Cinema, e, nesta perspectiva, não seria o caso de trazer o cineasta para a equipe técnica do historiador, e não o contrário? Que tal pensarmos, ainda, em futuras teses de história que poderiam ser defendidas não mais em formato-livro, mas em formato-filme?

O mesmo pode ser pensado em relação a outros recursos de visualidade, tais como a Fotografia. Imagino, por exemplo, neste mundo no qual o meio ambiente sofre aceleradas transformações, a interconexão possível entre uma História Visual produzida pelas fotografias e uma História Ambiental preocupada com os desenvolvimentos dos ambientes dentro dos quais se dá a vida humana, ou com os quais esta interage.

Não deveria o historiador – trabalhando também em um registro para a produção da Memória – comandar a produção sistemática de fotografias do meio ambiente, já escrevendo através destes registros da visualidade a sua própria leitura histórica do meio ambiente nas suas mudanças através do tempo, mas também disponibilizando fontes visuais importantes para gerações futuras de historiadores? Todas essas possibilidades são promissoras. É possível também pensar em uma História dos Sons, e uma História através do Som, sem mencionar possibilidades que ficam a depender da confluência dos talentos historiográfico e musical, como as realizações que poderiam ajudar a configurar como um novo gênero uma espécie de "obra musical-historiográfica"[35].

Empresa igualmente instigante, esta já relacionada a um possível campo que poderia ser chamado História Material, corresponderia ao tipo de História que o historiador, mais frequentemente do que já ocorre, poderia elaborar em parceria com museólogos – organizando exposições fixas ou temporárias que materializassem a discursividade histórica através da cultura material. Ao invés de uma narrativa escrita ou de uma análise textual, também a visualidade e a materialidade poderiam vir a se tornar elementos-chave ou mesmo condutores para o discurso crítico e analítico do historiador.

De igual maneira, a parceria com arquitetos poderia confluir para a produção historiográfica de maquetes de cidades projetadas para representar formações urbanas relativas a certos períodos do passado, ou mesmo – para retomar a conexão com a história ambiental e ecológica – poderia se pensar também no registro material de ambientes não urbanos. Tudo isso, de todo modo, pressupõe novas competências curriculares e novas ofertas interdisciplinares aos historiadores em formação, que são principalmente os nossos alunos de graduação em História.

Vejamos, a partir daqui, a questão do adentramento da História no ambiente de recursos digitais. É já um truísmo dizer que todos os campos de conhecimento e expressão foram revolucionados pelo surgimento da Internet como meio de informação, de comunicação e de produção ou divulgação de textos, afora o estabelecimento do computador como poderosa ferramenta capaz de acelerar e integrar operações de pesquisa, quantificação e outras[36]. Também para a História, a Internet e os recursos computacionais mostraram-se tão impactantes e prenhes de novas possibilidades que se chegou mesmo a dizer que "o historiador do futuro seria programador, ou não seria mais historiador"[37].

Talvez cada um dos historiadores deste próximo milênio não precise necessariamente se tornar um programador, como pensava o historiador francês Le Roy Ladurie ao fazer seu prognóstico sobre os historiadores do futuro próximo, mas já se observou com acerto que, pelo menos na situação ideal, cada historiador não se poderá furtar à tarefa de se converter pelo menos em "usuário avançado" dos recursos computacionais e da rede mundial de computadores[38].

Para o que nos interessa neste pequeno livro, entendo aqui que também haveria um conjunto muito rico de outras alternativas para o desenvolvimento e fortalecimento de uma modalidade de História Virtual que poderia ser definida pelo seu recurso mais direto à informática e aos meios virtuais, não apenas como ferramenta auxiliar, mas também como ambiente e meio para a própria escritura da História[39]. Estava imaginando, para dar um exemplo, uma possibilidade que poderia ser tomada a cargo por historiadores. Trata-se de um projeto que poderia se encaixar dentro de uma espécie de História Virtual Multiautoral. Esta será uma proposta, e mais um desafio, que discutiremos na segunda parte do próximo item.

7

Abrangência

Falar em uma historiografia que seja cada vez mais abrangente – entenda-se: mais representativa ou mais *inclusiva* em relação a todas as possibilidades que possam interessar à sociedade – implica pelo menos três patamares de reflexão. Afinal, quando se quer saber algo sobre a abrangência de um campo de saber, podemos situar essa abrangência diante das seguintes questões fundamentais: (1) "Do que se fala?" (2) "Quem fala?" (3) "A quem se fala?"

Estas três perguntas fundamentais dirigem-se à compreensão, respectivamente, de três fatores que, de um modo ou de outro, estão sempre em permanente interação. São eles a "abrangência de temas" (aquilo que o campo de saber estuda ou o seu universo de práticas); a "abrangência de autores" (aqueles que se expressam através do campo, ou mesmo os que se acham diretamente representados pelos autores propriamente ditos); e, por fim, a "abrangência de públicos" (aqueles a quem a mensagem é dirigida, ou que consumirão o conhecimento produzido pelo campo).

A História – tal como as demais ciências humanas – constitui um saber que é produzido por seres humanos para ser consumido por seres humanos, e que, entre estes dois polos em interação, fala diretamente de seres humanos. O ser humano, dessa forma, apresenta-se por inteiro nos três momentos-chave deste processo circular que conforma a produção do conhecimento histórico ("quem fala", "de que se fala", "para quem se fala"), oferecendo aos indivíduos em sociedade lugares privilegiados como autores-produtores de um discurso, como leitores-consumidores do discurso e do conhecimento assim produzido, e como figuras-chave nos temas humanos a serem analisados. Por isso, o fator "abrangência", sobre o qual neste momento discorreremos, pode se aplicar simultaneamente aos autores, leitores e temas do saber histórico.

Na historiografia, conquistar uma maior "abrangência de temas" foi uma tarefa dos historiadores do século XX. Comentei essa demanda, mais atrás, como uma "expansão de temas", e mostrei que ela pode ser sintetizada através de um aforismo que se tornou bastante célebre: "Tudo é História". A expansão de temas de estudo entre os historiadores do século XX, além disso, veio acompanhada de duas outras expansões: a "expansão dos tipos de fontes históricas" e a "multiplicação de campos históricos", a qual fez da história política do século anterior apenas um dos muitos campos históricos que podiam ser mobilizados por historiadores que passaram também a visar a história econômica, a história cultural, a história demográfica, a história das mentalidades e inúmeras outras modalidades historiográficas que encontraram seu lugar no universo de identidades historiográficas.

Com tudo isso, podemos sustentar que a "abrangência de temas" foi de fato uma conquista do século anterior ao nosso. Naquele momento, a história de fato se expandiu através de uma multiplicidade de campos históricos, no interior dos quais, ou na conexão entre os quais, todos os temas – ou quase todos os temas – tornaram-se possíveis, ao menos em tese. A abrangência de temas, na historiografia, corresponde a um movimento de inclusão em relação aos assuntos sobre os quais podemos falar.

A indagação "a quem se fala", por outro lado, refere-se à "abrangência de públicos". Já postulei, na proposição sobre a demanda de uma maior criatividade na escrita da História, que os historiadores precisam alcançar uma grande diversidade de públicos-leitores. Para isso, como disse, é preciso que a área passe a atentar para a preocupação em variar os modos de escrita, adequá-los a distintos níveis de interesse ou de competência leitora, torná-los instigantes e apropriados para cada caso.

Abrangência e Variedade são aspectos que interagem um sobre o outro. Um desafio dos nossos tempos é de fato tornar a escrita mais interessante para esses diversos públicos. Uma vez que já abordamos esta questão, quero passar ao terceiro patamar relacionado ao movimento de abrangência historiográfica, o qual corresponde à terceira pergunta inclusiva ("quem fala").

A comunidade historiadora, nos dias de hoje, já congrega historiadores com as mais diversas características identitárias e pessoais. As mulheres historiadoras conquistaram uma destacada posição no lugar de produção da História já no século passado, e hoje já temos também historiadores com características identitárias diversificadas. Os movimentos de educação para o campo e similares, por exemplo, já formam historiadores indígenas e representantes historiográficos dos camponeses sem terra ou dos movimentos sem-teto. Isso é um primeiro movimento da abrangência autoral.

Por outro lado, para além do fato de a figura do historiador se diversificar no nível pessoal, existe a questão de se motivar uma produção de Histórias que representem grupos sociais ou identidades específicas. Essa é também uma das questões de nosso tempo. Apresenta-se aqui a possibilidade de confluência – não obrigatória, certamente – entre um historiador modalizado por certa característica identitária e um tema de estudo com esta condizente. No âmbito mais amplo de uma grande subárea que poderíamos denominar História das Identidades, temos a historiadora que, como mulher, elabora a sua contribuição para o campo da História das Mulheres ou para a discussão sobre História de Gênero. Ou temos o historiador negro que, como negro, escreve sobre a diáspora africana, ou ainda o historiador indígena que escreve uma História dos Povos Indígenas, ou uma história do seu povo indígena mais específico. Se esta confluência encontra ainda um leitor que com ela se identifica, fecha-se um circuito no qual o leitor se vê tão representado pelo seu autor que praticamente se junta a ele no "lugar de produção" da obra historiográfica, à qual se vê integrado como se participasse do seu próprio lugar de fala[40].

Abordar a "Abrangência Autoral", em cada um desses sentidos, é reconhecer que a História é (ou pode ser) enunciada por muitas vozes. Vivemos em um mundo desigual e diferenciado, onde grupos sociais diversos lutam cada qual pelos seus interesses, em muitos casos combatendo as desigualdades que os afetam. Além disso, neste mundo complexo as distintas identidades lutam pelo seu direito de se afirmarem como diferenças. Em um mundo desigual e diferenciado como este, a necessidade de dar voz a todos os que precisam ser ouvidos e que têm algo a dizer, ou de abrir espaços para que sejam expressos os inúmeros pontos de vista possíveis, leva a historiografia a se abrir para a ressonância de muitas vozes. Em uma palavra, a História se encaminha, aqui, para se tornar "polifônica"[41].

Perceber a possibilidade de uma escrita polifônica da história é trabalhar com a ideia de sua emissão simultânea por diversas vozes. A História torna-se tanto mais inclusiva quanto mais abriga ou abrange dentro de si um número cada vez maior de vozes.

Apresentei, mais atrás, o conceito de *polifonia* – uma palavra que expressa, na Música, a possibilidade de encaminhar vozes distintas que interagem no interior de uma composição musical na qual cada voz tem a sua importância e o seu próprio protagonismo, inter-relacionando-se todas elas de forma harmônica, seja para produzir tensões ou apaziguamentos que devem ser trabalhados esteticamente pelo compositor. Na História, escrever uma história a muitas vozes – ou seja, uma "história polifônica" – permite trazer a esta História uma maior "abrangência", palavra-chave da presente proposição.

Há pelo menos duas maneiras de considerar que a História precisa ser abrangente em termos das demandas sociais a que atendem e da diversidade de pontos de vista que ela pode expressar. Por um lado, ao sustentar que "a História é Polifônica"[42], podemos reconhecer que cada voz social tem o direito de contar a sua história, isto é, de expor em linguagem historiográfica o seu ponto de vista. Haveria uma História a ser narrada por cada grupo social, por cada minoria, por cada gênero, por cada identidade que precisa se afirmar social ou culturalmente.

Multiplicar as vozes historiadoras é uma tarefa para as novas gerações que buscam uma historiografia inclusiva, e por isso é importante atrair para os cursos de graduação em História uma variedade grande de sujeitos sociais. No conjunto de trabalhos produzidos em um mundo ideal no qual todos tivessem a sua voz historiográfica, chegaríamos a uma razoável "polifonia de Histórias". Nos termos de nossa presente proposição, seria possível alcançar uma desejada abrangência autoral através da montagem e congregação de diversas narrativas e análises – as quais, no fim das contas, terminariam por dialogar entre si de uma maneira ou de outra, como deve ocorrer com toda autêntica polifonia.

Entrementes, existe ainda outra interessante possibilidade de pensar a efetividade de uma História Polifônica. Seria possível, a um mesmo historiador, ao escrever um mesmo texto, ter sucesso em expor a história sob diversos pontos de vista? Pergunta-se, portanto, se podemos entrever alternativas para além da mera soma de fragmentos que apenas realiza a possibilidade polifônica no nível do conjunto da comunidade de historiadores[43]. Seria o caso de indagar: Pode a polifonia explícita ser trazida, através de recursos da escrita, para o interior de uma mesma obra historiográfica, produzida por um só historiador, por exemplo?

Enfrentar os limites tradicionais da narrativa, como já indiquei em uma das minhas proposições anteriores, tem sido um dos desafios que se colocam para os historiadores nos dias de hoje. Para a questão que nos interessa, devemos lembrar que, habitualmente, o modelo de narração que tem sido abraçado pelos historiadores é o do ponto de vista unidirecional. Estejamos diante de uma "história narrativa" no sentido tradicional, de uma histórica analítica, ou de uma história que lide com dados e quantificações, o que se vê no modelo mais praticado pelos historiadores, até hoje, é aquele em que a voz do historiador – única e unidirecional – ergue-se acima de todos os personagens da trama impondo-lhe um único direcionamento e, frequentemente, uma perspectiva que submete todas as outras. Já se argumentou que esta – a escrita unidirecional – constituiu o grande modelo narrativo do romance do século XIX, embora os literatos do século XX o tenham superado de muitas maneiras[44].

A experimentação voltada para a apreensão polifônica do mundo histórico apresenta-se como uma das muitas tarefas da historiografia do novo milênio. Não basta ao historiador reconhecer no mundo histórico os seus diversos personagens, portadores de singularidades e de posições ideológicas independentes, se, ao final da construção narrativa do historiador, esses personagens terminam por produzir, no seu conjunto de interações contraditórias, apenas uma única ideologia dominante. É preciso explorar alternativas para além desse padrão narrativo mais habitual no qual os historiadores, ainda que acostumados a administrar nos seus textos as diversas vozes sociais, nem sempre se empenham em transcender um modelo de escrita monódica no qual, no fim das contas, apenas uma única voz faz-se ouvir. Para que possa se realizar, a escrita polifônica precisa ser por um lado desejada (visto que nem todos estão dispostos a abrir mão de um pensamento único). Por outro lado, o escrever polifônico também precisa ser aprendido. Podemos nos perguntar, mais uma vez, como a formação básica do historiador poderia lhe proporcionar este aprendizado[45].

O segundo aspecto relativo à abrangência como desafio ou virtude historiográfica a ser explorada, nas próximas décadas do novo milênio, refere-se à possibilidade de ultrapassar o modelo do texto historiográfico autoral-individual, que depois de produzido por um autor único imobiliza-se nas páginas fixas de um livro. Neste ponto, acredito que seja oportuno evocar a promissora confluência do atributo da "abrangência" com a oportunidade que nos é oferecida nestes novos tempos pela instalação de uma sociedade digital. A interdisciplinaridade da História com os mais modernos recursos informáticos, virtuais e computacionais – no contexto da rede mundial de computadores – não seria capaz de abrir uma possibilidade alternativa que fosse além daquela quase exclusividade do habitual modelo de obra historiográfica com autoria individual, e em forma fixa no suporte-livro?

Conhecemos, nos dias de hoje, a chamada *Wikipédia* – que basicamente é um conjunto de textos construídos a muitas mãos (ou a muitas teclas), sem autoria e submetidos a permanentes alterações que podem ser implementadas por qualquer participante da rede mundial de computadores. No que tange ao conhecimento histórico, a *Wikipédia* apresenta eventualmente textos muito bem fundamentados, mas também um número ainda maior de textos que não tem uma maior utilidade historiográfica porque nem sempre foram produzidos por historiadores profissionais ou confiáveis, e tampouco foram elaborados dentro dos critérios aceitos pela historiografia científica.

Minha ideia é que poderia ser construída uma Enciclopédia Historiográfica Virtual a cujo sistema só tivessem acesso, como autores, os historiadores que comprovassem sua formação ou conhecimento historiográfico. Inseridos no sistema e animados pelo espírito de uma cultura colaborativa, uma multidão de historiadores poderia trabalhar a elaboração espontânea de grandes textos virtuais, multiautorais, sobre os diversos temas pertinentes à historiografia dos vários períodos. Todos os hipertextos inseridos nesta Cliopédia Virtual Multiautoral – à qual teriam acesso todos os frequentadores da Internet – seriam certamente confiáveis e legítimos em face de suas exemplares condições de produção de um ponto de vista estritamente historiográfico, e poderiam ser checados regularmente por equipes específicas de historiadores para verificar a precisão de suas informações e a validade de suas análises.

Apresento esta ideia como uma sugestão para os que puderem realizá-la. Em caso de sua viabilização, estaríamos nos colocando diante das possibilidades de criação de um projeto que abriria caminho no interior de uma nova modalidade historiográfica, a qual estaria relacionada com a História Virtual, e que, através da sua realização, estaria questionando a obrigatoriedade da fixidez textual e da autoria única como aspectos necessários da escrita da História. Nesse caso, a própria multivocalidade de uma escrita polifônica, à qual nos referíamos atrás, também poderia ser trazida, através dos recursos virtuais, para a questão da autoria historiográfica, e teríamos de fato um texto construído a muitas mãos e incluidor de inúmeras vozes, concretizando a possibilidade de uma verdadeira "polifonia historiográfica".

De fato, este empreendimento permitiria algo novo no que se refere a duas das características que têm sido apresentadas pela História desde sempre – ou pelo menos o tipo de História que se escreveu no decorrer da história da civilização ocidental. A História, até os dias de hoje, parece ter mantido incólumes dois traços muito fortes de identidade: a "autoria declarada e única" (um autor singular e específico que escreve o texto) e a "fixidez textual" – ou seja, o fato de que aquilo que foi escrito em certo momento fica imobilizado para ser lido sempre da mesma maneira. Mas será necessário que sempre e em todos os momentos seja assim? A produção de um grande texto coletivo, sem autoria definida mas escrito com seriedade pelos membros atuantes na comunidade historiadora – um texto capaz de se desdobrar através de uma variedade de assuntos e de ser refeito através de reatualizações permanentes –, esta é a proposta que gostaria de deixar como sugestão para as futuras gerações de historiadores.

A linguagem virtual e digital possibilita ainda muitos outros recursos que podem tanto contribuir para a maior abrangência de autores como para uma abrangência maior de leitores. Pode-se citar, ainda, o aproveitamento da estrutura de "chat" para a criação de textos dialógicos, que depois poderiam ser transformados em livros (livros tradicionais ou livros digitais). Os progressos em termos de simulação holográfica ou de projeção do usuário no interior de um ambiente virtual, à maneira das possibilidades que foram bem ilustradas pelo filme *Matrix* e tantos outros, podem também vir a proporcionar um campo inesgotável de criação para os futuros historiadores.

O ambiente interativo proporcionado pelo computador, enfim, certamente ainda reserva muitas surpresas para a Escrita da História, sem contar as possibilidades que já vão sendo bem exploradas a partir da utilização da informática e do computador como instrumentos auxiliares importantes para a feitura da História.

8

Transferência de Criticidade

Chegamos ao último item destas propostas e desafios que se colocam para a historiografia do novo milênio, o qual nos leva de volta ao primeiro item com que abrimos este conjunto de propostas: o da Responsabilidade Social.

A proposta agora é a de que a nova historiografia favoreça mais a transferência de criticidade historiográfica para a sociedade. Os historiadores científicos, na sua trajetória de dois séculos, sofisticaram a sua capacidade de criticar as fontes. No mundo atual – onde as massas manipuladas pelas mídias parecem não ser movidas a desenvolver uma capacidade maior de criticar o que lhes é exposto diariamente através dos jornais, TV e Internet – a historiografia poderia exercer precisamente o importantíssimo papel de instrumentalizar o cidadão comum com uma maior e cada vez mais necessária capacidade crítica.

Exemplifiquemos com os jornais. Os historiadores começaram a explorar mais frequentemente o potencial dos periódicos como fontes históricas nos anos de 1980. Já abordavam muito os jornais como objeto de estudo, como um tema importante a ser investigado, constituindo um campo histórico que podemos denominar História da Imprensa. Era menos comum o uso dos jornais, entretanto, como fontes históricas, a não ser nos casos em que o objeto em estudo era a própria Imprensa.

Há uma diferença em fazer de um tipo de texto o seu objeto de estudo ou a sua fonte histórica para temáticas diversas. O uso dos jornais como fontes históricas pressupõe a possibilidade de compreender, através dele, não apenas a História da Imprensa, mas uma multiplicidade de aspectos sociais, políticos, econômicos, culturais, materiais e imaginários. Pode-se estudar através do "jornal como fonte" uma série de problemas relacionados à história de gênero, vida cotidiana, expectativas humanas diante da morte e outros tantos problemas típicos da história das mentalidades. Pode-se estudar, através da fonte periódica, o poder em todas as suas manifestações – dos macropoderes políticos aos micropoderes que enredam a vida privada e que se impõem à vida cotidiana; dos poderes entranhados nos discursos aos poderes marginais exercidos pelo crime organizado. Pode-se, com os jornais, abordar a economia, a cultura, o esporte, a moda, as tendências de comportamento, a autoimagem construída pelas pessoas célebres ou os vestígios que revelam o cidadão comum, na sua vida corriqueira.

Não obstante o uso apenas recente do jornal como fonte histórica, os "textos escritos" – de todas as épocas e de todos os gêneros – já vêm sendo utilizados há mais de dois séculos pelos historiadores modernos, aqui considerados aqueles que se inserem na historiografia científica desde o início do século XIX. A historiografia foi expandindo o seu universo de diferentes tipos possíveis de fontes históricas no decurso dos dois séculos que nos precederam.

Principalmente o século XX agregou à documentação cronística, política e institucional – já muito utilizada pelos historiadores oitocentistas – novos tipos de fontes e documentos, desde a documentação corrente de cartórios e demais arquivos de registros vitais, até processos criminais, correspondências, diários, criações literárias das várias épocas, discursos políticos e uma infinidade de tipos de textos que não caberia ser exaustivamente enunciada aqui, sem contar outros tipos de fontes que são, principalmente, imagéticas, sonoras, materiais, e sem esquecer ainda as fontes imateriais que costumam ser transmitidas através da oralidade, dos costumes, dos rituais e das tradições.

Parte significativa das fontes escritas utilizadas pelos historiadores é constituída pelo que podemos chamar de discursos: textos emitidos por um autor – seja individual, institucional ou coletivo – que encaminham determinadas mensagens visando certos setores de públicos receptores ou o atendimento a determinada finalidade no seio da sociedade em que se insere o texto. Uma carta pode ser dirigida a um único leitor; um diário pode ser dirigido a si mesmo; um jornal pode visar milhares ou milhões de leitores; um edito governamental pode visar a uma população nacional inteira. Variando nos gêneros de discurso – e, portanto, nas suas especificidades e metodologias que podem ser a eles aplicadas –, todos esses tipos de textos, e inúmeros outros, precisam ser analisados com criticidade – com a capacidade de entendê-los como discursos que representam interesses, posições sociais, visões de mundo, demandas culturais, ideologias, lances circunstanciais nos jogos de poder, ambições políticas ou econômicas, esforços de enquadramento da população em sociedades disciplinares, interesses de dominação e gestos de resistência a poderes rivais.

O que mais fizeram os historiadores ao longo de dois séculos de aprimoramento de sua ciência foi adquirir capacidades de analisar criticamente os textos. Voltando ao exemplo dos jornais, quando um historiador examina uma notícia, ele não a toma meramente como fonte de informações, mas sim como discurso a ser analisado, compreendido, problematizado. Fazemos isso ao ler criticamente um jornal do século XIX ou da primeira metade do século XX: identificamos o seu polo editor, o conjunto dos seus anunciantes, as suas diferentes faixas de leitores, a polifonia de textos que estão abrigados em um exemplar de um jornal diário.

Ao analisar um texto jornalístico, avaliamos o seu vocabulário, bem como a escolha, nada neutra, de palavras. Deciframos o conjunto de interesses que o movem, indagamos sobre as pressões que o confrontam, identificamos as distorções e manipulações, avaliamos as informações seletivas que são oferecidas pelo texto, e os silêncios que gritam nas suas entrelinhas.

Jamais examinamos um texto jornalístico apenas em si mesmo, como se ele dissesse tudo apenas com as palavras que nele estão abrigadas. Investigamos a sua intertextualidade, comparamos o texto em análise com outros, antecipamos os seus efeitos (que também foram antecipados pelos autores do texto jornalístico). Embora um jornal de determinada época possa trazer *informações* a um historiador, são principalmente os *discursos* que nele se entrelaçam que se tornam o principal objeto de análise. Abordar com capacidade crítica os discursos (e as informações que por estes são disponibilizadas, e como são disponibilizadas) é a base da metodologia de análise de fontes da qual precisam se valer os historiadores, e que tem sido a sua grande conquista metodológica ao longo de séculos. Tudo isso corresponde ao que poderíamos sintetizar em uma palavra-chave: "criticidade".

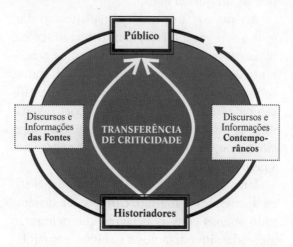

A criticidade é o produto mais refinado da História enquanto campo de saber. Dos historiadores mais ingênuos que aceitavam acriticamente as descrições depreciativas elaboradas pelos antigos senadores romanos sobre os imperadores, seus rivais políticos imediatos, aos primeiros historicistas que situaram essas descrições nos seus contextos políticos, sociais e circunstanciais, há um primeiro salto relevante[46].

Dos primórdios da crítica documental aos dias de hoje, nos quais os historiadores diversificaram extraordinariamente as suas técnicas voltadas para a leitura e análise de textos, temos um potencial crítico-interpretativo que se desenvolveu extraordinariamente. Analisar os discursos presentes nas fontes, diga-se de passagem, requer a mesma capacidade crítica que deve ser conclamada para analisar os discursos contemporâneos. Por essa razão, quando alguém aprende a criticar fontes históricas de períodos anteriores, desenvolve concomitantemente a capacidade de criticar textos de sua própria época.

Tenho a convicção de que a transferência social desta capacidade crítica é o bem mais precioso que os historiadores podem legar à sociedade que os acolhe, e que ampara a sua existência através das universidades que os abrigam e dos interesses de diversos tipos de público pelos livros de história.

Na última década, acirrou-se a manipulação das massas pelos meios midiáticos. No Brasil, nosso lugar de observação mais imediato, é impressionante perceber como inúmeras pessoas recebem acriticamente as informações e discursos que lhes chegam através dos jornais impressos, televisivos e virtuais, ou mesmo de recursos digitais de outros tipos, como as transmissões de informação através de aplicativos diversificados ligados à rede mundial de computadores. Para dar o exemplo do Brasil nos tempos recentes, uma parte expressiva da população parece aceitar passivamente as investidas que buscam apagar da memória democrática as conquistas sociais das duas décadas anteriores, das quais muitos se beneficiaram como trabalhadores e cidadãos. As notícias de TV são recebidas como fatos – não como discursos de uma emissora que busca agir no meio político em combinação com interesses políticos e econômicos diversos, nacionais e estrangeiros. As *fakes news* são recebidas acriticamente: viralizam no público virtual, são capazes de derrubar governos e ganhar eleições.

Mesmo em relação aos processos seletivos promovidos por setores judiciais – que, combinados ao apoio de algumas instituições midiáticas, têm autorizado algumas análises historiográficas a conceituarem parte de suas ações na segunda metade da última década como constituintes de uma "ditadura jurídico-midiática"[47] –, a ideia de prova parece ter se tornado destituída da devida importância. É importante quando está no lugar certo para antecipar certos fins a que se quer chegar. Quando não está, impõe-se a aceitação acrítica das informações seletivas, e recorre-se a artifícios que somente são possíveis em um ambiente de desconhecimento público de elementos básicos que devem amparar os processos de investigação e a análise judicial. Um exemplo está nas tentativas insistentes de repassar para a população a sugestão de que discurso proferido em delação premiada, isoladamente, é já o fato em si mesmo. Enquanto isso, nos jornais, substitui-se o jornalismo investigativo pelo jornalismo declaratório. O texto jornalístico transforma-se em um discurso que divulga, seletivamente, outros discursos, como peças ortogonais que se pode mover de um para outro lado sem análise e problematização, sem esclarecimento das suas condições de produção e autoria.

Pode-se dizer que boa parte da manipulação de setores expressivos da população brasileira nos tempos recentes – incluindo a apropriação, pela direita conservadora, de sua capacidade de se manifestar nas ruas e nas redes sociais – dá-se precisamente porque muitos cidadãos não sabem ler criticamente nem os jornais nem a documentação jurídica que fundamenta os processos judiciais. Também é flagrante a dificuldade dos mesmos cidadãos de compreender criticamente as informações relacionadas a índices econômicos divulgados de maneira enviesada, mesmo quando esses índices são falsificados em nítida contradição com as situações da vida real.

Matérias de jornais, processos, relatórios governamentais, e mesmo exposições seletivas de dados estatísticos, constituem textos e documentos que se deve aprender a ler criticamente. Quando se empenham em compreender um período histórico que já se concluiu, os historiadores não têm outra receita que não a de se debruçarem criticamente sobre fontes históricas como os jornais, processos judiciais, documentação de censo, e inúmeras outras fontes às quais têm acesso. Se examinam uma crônica, não é para acreditar em tudo o que diz o biógrafo de um rei, mas sim para analisar criticamente o seu discurso, ao contrário do que fizeram muitos dos leitores da mesma época em que foi escrito este ou aquele texto que se ocupou de apresentar uma narrativa heroica como fato.

Os historiadores, ao longo de dois séculos de desenvolvimento de sua ciência, aprimoraram continuamente a habilidade de enxergar como "discursos" o que muitos enxergavam como fatos. Em um caminho inverso, o jornalismo declaratório da atualidade, para retornar ao caso do Brasil recente, tem habituado a massa de leitores acríticos a enxergar os discursos (que interessam) como fatos. Quando precisa ser assim, para atender a determinados interesses e antecipar certos fins, o texto jornalístico torna-se um jogo de montar. Em outras ocasiões, quando são necessárias análises para atender aos mesmos interesses, estas são retorcidas na direção que se quer e em seguida são transmitidas em tom consensual, como se não expressassem pontos de vista, mas sim realidades que não precisam ser apreendidas criticamente.

Neste quadro, compreende-se que a possibilidade de elevação da capacidade crítica da população confronta muitos interesses, de modo que certas disciplinas críticas ligadas às ciências humanas – como é o caso da própria História – tornam-se indesejadas no currículo escolar. Mais do que o aprendizado mais simples de "conteúdos de história", incomoda a estes interesses, sobretudo, que nos alunos dos níveis fundamental e médio sejam estimuladas a "consciência histórica" e a "capacidade crítica"[48].

Quanto aos conteúdos, pede-se nos setores mais conservadores que haja um pretenso retorno aos fatos. A pretensa "Escola sem Partido" – que preconiza que os fatos históricos devem ser expostos pelo professor sem nenhuma explicitação de uma posição deste em relação a eles – propõe na verdade um retorno da História para aquém dos dois séculos de desenvolvimento da capacidade crítica da historiografia. Ou isso – a suposta acomodação factual da disciplina "História" a uma "Escola sem Partido" –, ou a sua exclusão literal dos currículos escolares, parecem despontar como sugestões dos setores sociais conservadores para o nosso campo de saber.

Há ainda as alternativas de diluição da História em uma disciplina amorfa, de modo a quebrar a matriz disciplinar de um saber que, além de milenar, apresenta em sua trajetória mais de dois séculos de historiografia científica e crítica. Tal expediente, como se sabe, ocorreu a certa altura do Regime Militar imposto à sociedade brasileira em 1964, quando a disciplina "História" se viu diluída, no Ensino Básico, em uma disciplina intitulada "Estudos Sociais". Nos tempos recentes, uma medida provisória excluiu a obrigatoriedade da disciplina no Ensino Médio[49]. É sintomático que, nos períodos de ditaduras, explícitas ou não, a História seja combatida de diversas maneiras, inclusive na sua integridade como disciplina a fazer parte do currículo escolar.

Os historiadores, particularmente através de suas principais associações, são conclamados a resistir. Como sustentei na primeira das proposições, a responsabilidade social deve ser preconizada como um dos valores de resistência da nova historiografia. Através da "transferência de criticidade" para os diversos setores da população – seja através do ensino escolar e superior, seja através da divulgação de obras que estimulem em seus leitores a capacidade crítica, ou seja, por fim, através da utilização adequada da própria mídia contra os interesses conservadores que costumam dominar o universo midiático –, a História nestas décadas iniciais do novo milênio precisará ser combativa, como já o foi em diversos outros momentos. Para tal, precisa atuar com "responsabilidade social", produzir textos com "criatividade", enriquecer-se com "novas interdisciplinaridades", explorar a "variedade" de pontos de vista, de linguagens e de suportes, mostrar "abrangência" em relação à totalidade do universo social, e transferir a este, nos seus múltiplos setores e grupos identitários e sociais, a sua capacidade de "criticidade". Eis aqui um conjunto de proposições e desafios a serem enfrentados pela historiografia do novo milênio.

Referências

ADÃO, F.L. (2004). "As relações entre História e Literatura no contexto da atual crise da dimensão social da narrativa histórica". In: *Actas do Colóquio Internacional Literatura e História*, Porto, vol. 1, p. 265-278.

ANKERSMIT, F. (2001). "Historiografia e Pós-Modernismo". In: *Topoi* – Revista de História. Vol. 2, UFRJ [original: 1989].

ARENDT, H. (1999). *Homens em Tempos Sombrios*. São Paulo: Companhia das Letras [original: 1968].

ARÓSTEGUI, J. (2006). "A formalização e a informatização". In: *A Pesquisa Histórica*. Bauru: EDUSC, 2006, p. 553-557 [original: 1995].

ARRIGHI, G. (1996). *O Longo Século XX*: Dinheiro, poder e as origens do nosso tempo. São Paulo: UNESP/Contraponto [original: 1994].

BAILYN, B. (1982). "The Challenge of Modern Historiography". In: *American Historical Review*, vol. 87, p. 1-24.

BAKHTIN, M. (2004). *Marxismo e Filosofia da Linguagem*. São Paulo: Hucitec [original: 1973].

_____ (1981). *Problemas da Poética de Dostoiévski*. Rio de Janeiro: Forense Universitária [original: 1929/1963].

BARANTE, A.G.P.B. (1848) "Histoire". In: RENIER, L. (org.). *Encyclopédie moderne* – Dictionnaire abrégé des sciences, des lettres, des arts, de l'industrie, del'agriculture et du commerce. Tome 17. Nouvelle Éd. Paris: Firmin Didot.

BARROS, J.D'A. (2019). *Interdisciplinaridade* – Na História e nos demais campos de saber. Petrópolis: Vozes.

_____ (2017). "Poliacordes Geográficos". In: *História, Espaço, Geografia* – Diálogos interdisciplinares. Petrópolis: Vozes, p. 108-126.

_____ (2016). "O Conceito como Acorde". In: *Os Conceitos* – Seus usos nas ciências humanas. Petrópolis: Vozes, p. 83-93.

_____ (2012). *Teoria da História*. Vol. IV – Acordes Historiográficos: Uma nova proposta para a teoria da história. Petrópolis: Vozes.

BENJAMIN, W. (2008). "Teses sobre o conceito de História". In: *Walter Benjamin – Obras escolhidas*. Vol. 1 – Magia e Técnica; Arte e Política. São Paulo: Brasiliense, p. 222-231 [original: 1940].

BRAUDEL, F. (1984). *O Mediterrâneo e o Mundo Mediterrânico*. São Paulo: Martins Fontes [original: 1949; ed. ampl.: 1966].

BURKE, P. (1992). "A História dos Acontecimentos e o Renascimento da Narrativa". In: *A Escrita da História* – Novas perspectivas. São Paulo: UNESP, p. 327-348.

BURTON, O.V. (1992). "Quantitative Methods for Historians. A Review Essay". In: *Historical Methods*, vol. 25, 4, p. 181-188.

CALVINO, I. (2005). *Seis propostas para o próximo milênio*. São Paulo: Companhia das Letras [original: 1985].

CARRARD, Ph. (1992). *Poetics of the New History* – French Historical Discourse from Braudel to Chartier. Baltimore/Londres: The John Hopkins University Press.

CASTELLS, M. (1999). *A Era da Informação* – Economia, sociedade e cultura. São Paulo: Paz e Terra [original: 1996].

CATROGA, F. (2006). "Ainda será a História Mestra da Vida?" In: *Estudos Ibero-Americanos*. Ed. esp., n. 2, p. 7-34.

CERTEAU, M. (1982). "A Operação Historiográfica". In: *A Escrita da História*. Rio de Janeiro: Forense Universitária, p. 65-119 [original: 1974].

CEZAR, T. (2004). "Narrativa, Cor Local e Ciência – Notas para um debate sobre o conhecimento histórico no século XIX". In: *História Unisinos*, vol. 8, n. 10.

CICERO, M.T. (1967). *De Oratore*. Paris: Les Belles Letres [original: 46 a.C.].

COLLINGWOOD, R.G. (2001). *A Ideia de História*. Lisboa: Presença [original: 1946].

COUSIN, V. (1988). "De la philosophie de l'histoire" (1823). In: GAUCHET, M. (org.). *Philosophie des sciences historiques* – Textes de Barante, Cousin, Guizot, Michelet, Mignet, Quinet, Thierry. Lille: Presses Universitaires de Lille.

CROCE, B. (1968). *Theorie et l'Histoire de l'historiographie*. Paris: Droz [original: 1917].

DAVIS, N. (1989). "Du conte et de l'histoire". In: *Le Debat*. Paris: Gallimard, n. 54, mar.-abr./1989.

DION, C. (2004). *História Romana*. São Paulo: Gredos [original: 229 d.C.].

DEBRAY, R. (1992). *Vie et mort de l'image* – Une histoire du regard en Occident. Paris: Gallimard.

DOSSE, F. (1987). *L'histoire em miettes* – Des Annales à La Nouvelle Historie. Paris: La Découverte.

DOSTOIÉVSKI, F. (2001). *Crime e castigo*. São Paulo: Ed. 34 [original: 1866].

DUBY, G. (1994). "O Historiador Hoje". In: LE GOFF; DUBY & ARIÈS (orgs.). *História e Nova História*. Lisboa: Teorema, p. 7-21.

DUMOULIN, O. (2017). *O Papel Social do Historiador* – Da cátedra ao tribunal. Belo Horizonte: Autêntica [original: 2003].

FEBVRE, L. (1965). *Combats pour l'histoire*. Paris: A. Colin [original: 1953].

FREEDBERG, D. (1989). *The Power of Images* – Studies in the History and Theory of Response. Chicago: The University of Chicago Press.

GAUCHET, M.A. (1986). "Les letters sur l'histoire de France de Augustin Thierry". In: NORA, P. (org.). *Les lieux de mémoire*. Paris: Gallimard, tit. III, p. 217-316.

GAUTHIER, A. (1996). *Du visible au visual* – Anthropologie du regard. Paris: PUF.

GAY, P. (1990). *O Estilo na História*. São Paulo: Companhia das Letras [original: 1974].

GINZBURG, C. (1991). *Mitos, Emblemas e Sinais*. São Paulo: Companhia das Letras [original: 1989].

_____ (1989). *Indagações sobre Piero*. Rio de Janeiro: Paz e Terra [original: 1985].

GUHA, R. (2002). *History at the Limit of World-History*. Colúmbia: Columbia University Press.

_____ (1996). *The Small Voice of History* – Estudos Subalternos. Delhi: Oxford University Press.

HERÓDOTO. (1985). *História*. Brasília: EdUNB [original: 445 a.C.].

HOBSBAWM, E. (2005). "Pós-Modernismo na Floresta". In: *Sobre História*. São Paulo: Companhia das Letras, p. 201-206 [original: 1990].

_____ (2000). "A História de Baixo para Cima". In: *Sobre História*. São Paulo: Companhia das Letras, p. 216-231 [original: 1997].

_____ (1995). *A Era dos Extremos* – O breve século XX. São Paulo: Companhia das Letras [original: 1994].

HILL, Ch. (1987). *O Mundo de Ponta-Cabeça* – As ideias radicais durante a revolução inglesa de 1640. São Paulo: Companhia das Letras [original: 1972].

JAUSS, H.R. (1989). "L'usage de la fiction en histoire". In: *Le Débat*. Paris: Gallimard, n. 54, p. 81ss.

JOYCE, J. (2012). *Ulysses*. São Paulo: Companhia das Letras [original: 1906].

KOSELLECK, R. (2006). "Espaço de experiência e horizonte de expectativas". In: *Futuro Passado* – Contribuição à semântica dos tempos históricos. Rio de Janeiro: Contraponto, p. 311-337 [original: 1979].

LAVOINNE, Y. (1992). "Le journaliste, l'Histoire et l'Historien: les avatars d'une identité professionnelle (1935-1991)". In: *Reseaux*, n. 51, p. 39-53.

LE GOFF, J. (org.) (1990). *A Nova História*. São Paulo: Martins Fontes [original: 1978].

LE ROY LADURIE, E. (1973). *Le Territoire de l'historien*. Paris: Gallimard.

LEVI, G. (1992). "Sobre a Micro-História". In: *A Escrita da História*. São Paulo: UNESP, p. 133-161.

LIMA, H.E. (2006). *A Micro-História Italiana – Escalas, indícios e singularidades*. Rio de Janeiro: Civilização Brasileira.

LOZANO, J. (1994). *El Discurso Histórico*. Madri: Alianza.

MARTINEZ DE VELASCO, A. (1995). "La historia contemporanea em Internet". In: *Espacio, tiempo y forma*. Vol. VIII. Madri: UNED, p. 331-383.

MENESES, U.B. (2003). "Fontes Visuais, Cultura Visual, História Visual – Balanço provisório da questão". In: *Revista Brasileira de História*, vol. 23, n. 45, p. 11-36.

MULLINGAN Jr. & WILLIAM, H. (2001). "Electronic Resources and the Education of History Professionals". In: *The History Teacher*, vol. 34, n. 4, p. 523-529. Acesso em 16/04/2009. Disponível em http://www.historycooperative.org/journals/ht/34.4/mullingan.html

NIEBUHR, B.G. (2011). *The History of Rome*. Cambridge [original: 1812].

NIETZSCHE, F. (2005). "Segunda Consideração Extemporânea – Vantagens e desvantagens da história para a vida". In: *Escritos sobre História*. São Paulo/Rio de Janeiro: Loyola/PUCRio, p. 67-178 [original: 1873].

PRICE, R. (1990). *Alabi's World*. Baltimore: John Hopkins Universiy Press.

RANKE, L. (1975). "Die Idee der Universalhistorie, Vorlesugseinleitungen". In: DOTTERWEICH, V. & FUCHS, W.P. (orgs.). *Werk und Nachlass*. Vol. 4. Munique.

REVEL, J. (1992). "Micro-Análise e Construção Social". In: *Jogos de Escalas* – A experiência da micro-análise. Rio de Janeiro: FGV, p. 15-38.

ROMANCINI, R. (2005). "História e Jornalismo: Reflexões sobre campos de pesquisa". In: Congresso Brasileiro de Ciências da Comunicação, 28, Rio de Janeiro.

ROSENZWEIG, R. (2003). "Scarcity or Abundance? Preserving the Past in a Digital Era". In: *American Historical Review*, vol. 108, n. 3, p. 735-762.

RÜSEN, J. (2016). "Narração Histórica: Fundações, Tipo, Razão". In: MALERBA, J. (org.). *História & Narrativa* – A ciência e a arte da escrita histórica. Petrópolis: Vozes, p. 45-57.

_____ (2012). *Aprendizagem histórica* – Fundamentos e paradigmas. Curitiba: W.A.

_____ (2007). *História Viva*. Brasília: EdUNB [original: 1986].

SÁ, A.F.A. (2018). "Admirável campo novo – O profissional de história e a Internet". In: *Revista Eletrônica Boletim do Tempo*, ano 3, n. 7.

SANTOS, B.S. (2018). *Esquerdas do Mundo, Univos!* São Paulo: Boitempo.

SARAMAGO, J. (2006). *A Jangada de Pedra*. São Paulo: Companhia das Letras [original: 1986].

SCHRUM, K. (2003). "Surfing for the Past: How to Separate the Good from the Bad". In: *AHA Perspectives*. Disponível em http://chnm.gmu.edu/resources/essays/d/7

SHARPE, J. (1992). "A História Vista de Baixo". In: *A Escrita da História* – Novas perspectivas. São Paulo: UNESP, p. 39-63.

SPENCE, J. (1985). *The Memory of Palace of Matteo Ricci*. Nova York: The Viking Penguin.

_____ (1981). *The Gate of Heavenly Peace*. Nova York: The Viking Penguin.

_____ (1978). *The Death of Woman Wang*. Nova York: The Viking Penguin.

_____ (1974). *Emperor of China*. Nova York: Knopf.

STONE, O. (1991). "O ressurgimento da narrativa. Reflexões sobre uma Velha História". *Revista de História*, Unicamp, n. 2/3, p. 13-37 [original: 1979].

SUETONIO. (2002). *A Vida dos Doze Césares*. Rio de Janeiro: Ediouro [original: 121 d.C.].

TEZZA, C. (1988). "Discurso poético e discurso romanesco na teoria de Bakhtin". In: FARACO et al. *Uma introdução a Bakhtin*. Curitiba: Hatier, p. 55-93.

THIERRY, A. (1820). *Lettres sur le histoire de France*. Paris: Le Courrier Français.

THOMPSON, E.P. (1966). "History from Bellow". In: *The Times Literary Supplement*, p. 279-280.

TOYNBEE, A. (1981). *Toynbee por Ele Mesmo*. Brasília: EdUNB [original: 1974].

TUCÍDIDES. (1982). *História da Guerra do Peloponeso*. Brasília: EdUNB [original: 410 a.C.].

VEYNE, P. (1982). *Como se Escreve a História*. Brasília: EdUNB [original: 1971].

VOVELLE, M. (1997). *Imagens e imaginário na História* – Fantasmas e certezas nas mentalidades desde a Idade Média até o século 20. São Paulo: Ática [original: 1989].

WHITE, H. (2000). "An Old Question Rised Again: Is Historiography Art or Science?" In: *Rethinking History*, vol. 4, n. 3, p. 391-406.

_____ (1994). "O texto histórico como artefato literário". In: *Trópicos do Discurso*. São Paulo: EdUSP, p. 97-116 [original: 1978].

_____ (1992). *A Meta-História* – A Imaginação Histórica no Século XIX. São Paulo: EdUSP, 1992 [original: 1973].

_____ (1966). "The Burden of History". In: *History and Theory*, vol. 5, n. 2, p. 111-134.

ZAGORIN, P. (2001). "Historiografia e Pós-Modernismo: Reconsiderações". In: *Topoi*, p. 137-152 [original: 1990].

Notas

1. Conferência de encerramento para o Encontro da UFAM, realizada em outubro de 2019 em Manaus, na Universidade Federal do Amazonas (UFAM). Uma palestra análoga, com o título "Seis propostas para a Historiografia do Novo Milênio", também foi proferida para o encerramento do "V Encontro Regional da ANPUH do Estado do Piauí", em 24 de agosto de 2018 em Teresina, na Universidade Federal do Piauí (UFPI).

2. A ideia de discorrer sobre a historiografia vindoura a partir de seis palavras-chave me foi inspirada pelo ciclo de palestras de Ítalo Calvino, que utilizou a mesma estrutura para discutir a Literatura em suas *Seis Propostas para o Novo Milênio* (1985).

3. Costumo utilizar uma convenção nos textos em que discuto temas relacionados à historiografia (isto é, ao campo da História como disciplina ou área de saber que estuda os processos históricos, e que, portanto, coincide com o conjunto de realizações produzidas por todos os historiadores até hoje). Costumo grafar com inicial maiúscula a "História" escrita pelos historiadores das várias épocas (narrativas, análises historiográficas etc.). E grafo com inicial minúscula o vocábulo "história" quando este se refere ao campo dos acontecimentos históricos que efetivamente ocorreram, independente do relato dos historiadores. A "História" dos historiadores, portanto, estuda a "história" que vai se apresentando no tempo sob a forma de acontecimentos diversos.

4. Há nuances e novas agendas, é claro, entre estes e outros antigos historiadores gregos. Com a *História da Guerra do Peloponeso* de Tucídides, começa a se afirmar na escrita histórica a importância da "prova" (*autópsia*). Enquanto isso, na geração precedente, as *Histórias* de Heródoto – voltadas não apenas para os acontecimentos políticos e militares, mas também para os aspectos cultural e geográfico – são animadas por uma escrita que deveria culminar em uma declamação perante o público, o que valorizava a habilidade de assegurar a atenção do ouvinte através da vivacidade com a qual se devia contar o que se viu e ouviu. Sobre isso, cf. Catroga, 2006, p. 11; Lozano, 1994.

5. Cícero. *De Oratore*, II, c. 9. A *historia vitae magistra* sintoniza-se com um modo narrativo específico, a "história exemplar", que foi dominante até meados do século XVIII. Cf. Rüsen, 2016, p. 51.

6. Nietzsche, 1873; Benjamin, 1940.

7. Este fator, entre outros aspectos, expressa-se principalmente pela organização e consolidação de grandes arquivos nacionais – normalmente a cargo de historiadores que são nomeados para esta função pelos governos nacionais na Europa e nas Américas – e também pela publicação sistemática de grandes coleções nacionais de documentos, como foi o caso da série *Monumenta Germaniae Historica* (iniciada em 1826) e de outras iniciativas similares nos diversos países europeus. Além disso, aquele século institui a crítica documental como núcleo da metodologia encaminhada pela nova historiografia (demanda 6).

8. Essa associação que situa a História como o campo de saber que dá a tonalidade do século XIX foi proferida, pela primeira vez, pelo historiador oitocentista francês Augustin Thierry (1795-1856), que compara a tônica do seu próprio século à do século que o precedeu: "A História dá o tom do século [XIX], assim como a Filosofia havia feito

com o século XVIII" (Thierry, 1826). Sobre isso, cf. Gauchet, 1986, p. 247-316.

9. Este é o subtítulo da obra *A Era dos Extremos – O breve século XX*, escrita por Hobsbawm em 1994. Por outro lado, o título contrapõe-se a outra obra publicada no mesmo ano: *O Longo Século XX*, de autoria do economista político italiano Giovanni Arrighi. Nesta, constrói-se um recorte em função do ciclo de acumulação de capital dominado pelos Estados Unidos desde fins do século XIX.

10. A expressão "tempos sombrios" demarca o título de uma coletânea de ensaios biográficos sobre intelectuais que enfrentaram o contexto dos totalitarismos da primeira metade do século XX, escritos e publicados por Hannah Arendt em *Homens em Tempos Sombrios* (1999).

11. A História Vista de Baixo é aquela que dá voz e protagonismo ao homem comum, aos personagens habitualmente invisíveis na historiografia mais tradicional. Entre seus fundadores, contam-se nomes como o de Thompson (1966) e Christopher Hill. Este último, em *O Mundo de Ponta-Cabeça – As ideias radicais durante a revolução inglesa de 1640* (1972), assinala o espírito inovador que está por trás desta perspectiva: "Podemos descobrir que os homens e mulheres obscuros que aparecem neste livro, junto a alguns menos obscuros, falam mais diretamente a nós do que Carlos I ou Pym ou o General Monk, que nos manuais figuram como os autores da história" (Hill, 1987, p. 35). Cf. Sharpe, 1990, p. 39-63; Hobsbawm, 2000, p. 216-231.

12. Benjamin, 2008, p. 224.

13. O muro que divide Estados Unidos e México – iniciado em proporções mais modestas pelo governo Clinton, em 1994, mas depois ganhando proporções, consistência e extensão muito maiores com o projeto sustentado pela administração Trump (2017) – separa não apenas dois países, visto que de certa forma simboliza uma cisão bru-

tal entre dois mundos. Um é amplamente modernizado e consegue invisibilizar as suas desigualdades sociais e deslocar para periferias as parcelas desfavorecidas e desassistidas da população. Esse primeiro mundo constitui a metade que se mostra dominante no capitalismo global – ainda que, em contrapartida, não tenha resolvido o problema de geração de empregos para os próprios cidadãos naturais dos países que dele fazem parte. O outro mundo é claramente subdesenvolvido ou só relativamente desenvolvido, com problemas sociais, infraestruturais e econômicos gritantes, sendo este o caso do México e outros países da América Latina, África, Ásia e Leste Europeu, chegando alguns desses países a situações extremas e catastróficas que projetam para fora não apenas ondas de migrantes em busca de uma vida melhor e mais aceitável, mas verdadeiras levas de refugiados que são empurrados para além de seus países pela fome endêmica, guerras e violência contra grupos étnicos.

14. No momento em que esta palestra era produzida, já havia sido aprovada a reforma trabalhista no segundo semestre de 2017 – bastante eficaz em destroçar direitos trabalhistas que vigoraram por décadas no Brasil –, da mesma forma que a reforma previdenciária desponta em um horizonte iminente (2019). Apenas para dar alguns exemplos, a reforma trabalhista imposta às novas gerações de trabalhadores brasileiros parece conduzi-los a uma viagem no tempo para períodos anteriores a inúmeras conquistas trabalhistas: às gestantes será "permitido" o trabalho em locais insalubres e perigosos "de grau médio"; aos trabalhadores assalariados que entrarem em acordo com seus patrões será permitido que concordem com a diminuição do horário de almoço em até meia hora; o novo modelo de demissão em comum acordo cancela indenizações e proteções de diversos tipos; o trabalho intermitente é permitido, e para a contratação de novos trabalhadores oferece-se ainda a alternativa de que esta seja acobertada

como uma contratação de pessoa jurídica, classificando-o como "autônomo exclusivo" e deixando-o sem direito a férias, décimo terceiro ou horas extras. Neste último caso, passa a ser legalizada uma antiga prática, a "pejotização" – dispositivo no qual o empregado já vinha prestando serviços através da mediação de uma empresa – e esta terceirização agora se estende à possibilidade de terceirizar também o próprio trabalho relacionado à atividade-fim da empresa, o que antes era proibido. Quanto à reforma previdenciária, ainda em processo de imposição no momento em que era proferida esta palestra e elaborado este pequeno livro, essa tornará muito difícil, à grande maioria da população, aposentar-se em vida, ou gozando em boas condições de saúde. O caso mais grave é o dos trabalhadores rurais e similares, que precisam lutar contra o envelhecimento precoce em vista do seu tipo de atividade. Será possível imaginar um estivador aposentando-se em boas condições de saúde aos sessenta e cinco anos, se não for demitido antes disso, e depois precisando buscar trabalhos complementares (e quem o contrate) no único tipo de atividade que se habituou a realizar?

15. Sobre esta tríade de modernas dominações, assim se expressa Boaventura de Sousa Santos em um texto particularmente oportuno: "Tenho defendido que a dominação moderna é constituída desde o século XVI por três modalidades principais de dominação: o capitalismo, o colonialismo e o patriarcado. Desde suas origens, esses três modos de dominação sempre atuaram articulados. As épocas e os contextos sociais de cada país se distinguem pelo modo específico de articulação entre os diferentes modos de dominação que prevalecem. O colonialismo não terminou com o fim do colonialismo histórico. Continua hoje sob outras formas, como o colonialismo interno, o racismo, a xenofobia e a islamofobia" (Santos, 2018, p. 77).

16. A ideia de que a História mais deveria se aproximar da Arte do que da Ciência já havia sido expressa por Nietzsche, que irá comparar o historiador-artista ao dramaturgo: "Juntar tudo pelo pensamento, relacionar cada acontecimento particular ao conjunto da trama, com base no princípio de que é preciso introduzir nas coisas uma unidade de plano, quando na verdade ela aí não existe. É assim que o homem estende a sua teia sobre o passado e se torna senhor dele, é assim que se manifesta o seu impulso artístico" (Nietzsche, 2005, p. 121). / Cerca de um século depois dessas proposições de Nietzsche, Paul Veyne, um historiador que se filia a Nietzsche através da influência de Michel Foucault, retomaria a ideia de que a História deveria ser essencialmente a composição de uma "trama" (esta proposição aparece no livro de Paul Veyne intitulado *Como se Escreve a História* (1971), e precede em dois anos o polêmico ensaio de Hayden White sobre *A Meta-História* (1973)). / Também encontraremos algumas reflexões a respeito da recriação historiográfica em Duby (1994, p. 13-14), e, bem antes do historiador francês, em Croce (1893) e Collingwood (1946). De igual maneira, o historiador germano-americano Peter Gay (1923-2015) desenvolve uma sistemática reflexão sobre a reconciliação entre arte narrativa e ciência da história (1990, p. 196).

17. Essa observação é trazida por Arnold Toynbee (1889-1975), por exemplo, na entrevista que, em português, foi publicada no opúsculo *Toynbee por Ele Mesmo* (1981, p. 7). Analogamente, o historiador oitocentista Leopold Von Ranke (1795-1886), em *Ideia de uma História Universal*, já registrava esta percepção: "A história distingue-se das demais ciências por ser, simultaneamente, arte. Ela é ciência ao coletar, achar, investigar. Ela é arte ao dar forma ao colhido, ao conhecido, e ao representá-los. Outras ciências satisfazem-se ao mostrar o achado meramente como achado. Na história, opera a faculdade da reconstituição. Como ciência, ela é aparentada à filosofia; como arte, à

poesia" (Ranke, 1975, p. 72). De todo modo, Ranke, ainda que um mestre da narrativa, dignificava na profissão do historiador a ciência acima de tudo. A este respeito, cf. Rüsen, 2007, p. 18. Vale ainda lembrar que já no próprio século XIX desenvolve-se um rico debate em torno do lugar da narrativa na História, tal como analisou mais sistematicamente Temístocles César em seu artigo "Narrativa, Cor Local e Ciência" (2004). Impressiona, por exemplo, a consciência sobre a narratividade histórica que já é demonstrada por autores oitocentistas como Barante (1848, p. 400) e Cousin (1823, p. 159).

18. Sobre as relações entre História e Jornalismo, cf. Romancini, 2005; Lavoinne, 1992, p. 39-53.

19. Entre textos recentes que têm discutido esta questão, cf. o ensaio de H. Robert Jauss intitulado "L'usage de la fiction en histoire" (1989, p. 81). O mesmo dossiê conta com outros artigos importantes sobre a relação entre História e Literatura, tal como o artigo de Natalie Davis intitulado "Du conte et de l'histoire" (1989, p. 140ss.).

20. Para o caso da Micro-História, cf. o ensaio de Giovanni Levi para o livro organizado por Peter Burke sobre a *Escrita da História* (1992, p. 133-161). Levi chama atenção para o fato de que o modo de apresentar o texto também pode integrar a pesquisa, nela interferindo, sendo esta a tendência estilística mais presente entre os micro-historiadores (Levi, 1992, p. 153-158). A questão dos modos de exposição desenvolvidos pelos micro-historiadores também é abordada por Jacques Revel em "Micro-Análise e Construção Social" (1992, p. 34-38). Para um estudo bastante completo sobre *A Micro-História Italiana*, cf. o livro de Henrique Espada Lima que traz este mesmo título (2006).

21. Elaborei o conceito de "ponte interdisciplinar" no livro *Interdisciplinaridade – Na História e nos demais campos de saber* (Barros, 2019).

22. Em um campo mais específico, há disciplinas que chegaram a ser chamadas de ciências auxiliares da História, tais como a Paleografia, Genealogia, Numismática, Heráldica, e outras tantas.

23. Derivada da Bioquímica, a área de pesquisa que estuda o genoma dos organismos vivos, em todos os seus aspectos e implicações, tem sido chamada de Genômia. Sua importância tem crescido de tal maneira que já constitui um campo de saber próprio, uma nova disciplina. No caso das pesquisas sobre o genoma humano, além dos evidentes benefícios para as ciências da saúde, elas têm permitido rastrear a própria história da humanidade, definindo as grandes migrações humanas que ocorreram entre os continentes no chamado período pré-histórico, a origem africana da humanidade, a história das transformações ocorridas no corpo humano, a diversificação e unidade dos seres humanos, e outros tantos aspectos de interesse para a História que até então eram insondáveis.

24. Cf., como marco para o retorno da narrativa, o célebre artigo de Lawrence Stone, escrito em 1979 para a revista *Past and Present*.

25. Davies, 1984.

26. Alguns exemplos podem ser encontrados nas obras sobre a China do historiador Jonathan Spence (*Emperor of China*, 1974; *The Death of Woman Wang*, 1978; *The Gate of Heavenly Peace*, 1981; e *The Memory of Palace of Matteo Ricci*, 1985).

27. Hayden White chama atenção para a questão da descontinuidade entre os acontecimentos do mundo exterior e a sua representação sob a forma narrativa no artigo "The Burden of History", escrito para a revista *History and Theory* (1966).

28. A obra clássica é o ensaio de Mikhail Bakhtin sobre Dostoiévski (2008).

29. Bakhtin, 2008, p. 208.

30. Podemos pensar ainda na incorporação historiográfica de outro conceito originário da teoria musical: o de "Acorde". Na Música, um acorde é um som formado por outros sons. De um modo mais geral, todavia, os acordes podem ser compreendidos como conjuntos de elementos que interagem harmonicamente, de modo a produzir totalidades nas quais são simultaneamente perceptíveis o todo, suas partes, e todas as interações possíveis entre os seus diversos elementos. O acorde é uma totalidade integrada, na qual tudo e cada aspecto pode se dar a perceber, conforme a escuta ou forma de percepção que a ele devotemos. Concebida dessa maneira, a ideia de acorde pode ser aplicada a múltiplos aspectos, e não foi à toa que terminou por ser reapropriada por áreas tão distintas como a arte dos perfumistas, pintura, culinária, enologia, entre outras. Entre possibilidades de aplicação do conceito de "acorde" na História e ciências humanas, destaco o âmbito das identidades (acordes identitários), os conceitos (acordes conceituais) e a visualidade do espaço (poliacordes geográficos). Sobre esses três usos do conceito de acorde nas ciências humanas, cf. Barros, 2012, p. 9-55; Barros, 2016, p. 83-93; e Barros, 2017, p. 108-126.

31. Os historiadores têm sido chamados a preencher a função de expertise histórica em muitos sentidos. No Brasil e em outros países cuja democracia emergiu de regimes totalitários ou ditatoriais nos quais as autoridades e instituições repressoras praticaram abusos em relação aos direitos humanos ou, mais grave, práticas como a tortura, instalou-se a prática das Comissões da Verdade com vistas a apurar crimes e responsabilidades políticas. Nessas equipes transdisciplinares, o lugar do *expert* historiador tem recebido um destaque. Alguns julgamentos também têm requerido o papel da expertise historiográfica, vários deles relacionados aos chamados "crimes contra a humanidade", que são considerados imprescritíveis, e até hoje têm

levado ao banco dos réus líderes nazistas. Bem distinto, mas também requerendo a presença de historiadores no ambiente dos tribunais, foi o famoso processo contra difamação movido pelo historiador negacionista David Irving contra a historiadora Deborah Lipstadt, requerendo a presença de expertise histórica em ambos os lados. O caso foi transformado em livro, e depois no filme *Negação* (2016).

32. A História da Imagem é um campo que já vem sendo percorrido por historiadores e antropólogos. Para balanços da questão podem ser consultadas duas obras mais gerais: Freedberg, 1989, e Debray, 1992. Estudos de "História da Imagem" voltados para épocas e problemas mais específicos foram assinalados por Ulpiano Bezerra de Meneses em seu balanço do problema, publicado no artigo "Fontes Visuais, Cultura Visual, História Visual" (2003). Para o desenvolvimento da Antropologia Visual, podemos lembrar que foi fundamental ultrapassar a instância da mera apreensão da imagem que se coloca como percepção de um "invisível social" através do "visível" trazido pela imagem, à maneira de fontes visuais que revelam a sociedade que as produziu, para se adentrar também a ideia de que a visualidade é ainda um discurso, sendo por isso necessário estudá-la no âmbito da interação entre "observador e observado" (Meneses, 2003, p. 22). Um clássico para pontuar este deslocamento pode ser encontrado na "Antropologia do Olhar" de Alain Gauthier (1996). Em relação à imagem examinada no âmbito das Histórias da Arte (o que deve se distinguir da História da Imagem no sentido aqui proposto), existe uma rede mais vasta de obras, remontando mesmo a séculos anteriores.

33. Michel Vovelle, em *Imagens e Imaginários da História*, chama atenção para essa distinção entre fazer uma "História das Imagens" e uma "Histórica *com* as Imagens" (Vovelle, 1997).

34. Em artigo sobre o tema, Ulpiano Bezerra de Meneses chama atenção, inclusive, para o fato de que – mesmo no

que se refere ao pretenso uso da imagem como fonte histórica – tem predominado amplamente uma tendência ao uso ilustrativo da imagem: a imagem meramente confirmando o que é enunciado por outras fontes. Essa questão já fez parte de um importante alerta de Ginzburg no ensaio "De A. Warburg a E.H. Gombrich: notas sobre um problema de método" (Ginzburg, 1991, p. 41-93).

35. A obra musical-historiográfica exigiria a ação intelectual do historiador-músico, ou do músico-historiador, ou então a confluência destas duas ordens de sujeitos – historiadores e músicos – em uma parceria plena e complexa. Não seria (não necessariamente) uma obra narrativa sobre acontecimentos históricos que viesse acompanhada por música. Deveria ser, para estar sintonizada com a historiografia de nossa época, uma obra analítica sobre algum problema histórico, que contasse com a interação de ambientes sonoros-musicais que ressoassem ao mesmo tempo que a(s) voz(es) do narrador historiográfico. Não seria, obviamente, uma ópera ou poema sinfônico com temática ou fundo histórico, pois esses gêneros já existem na arte musical e nada têm a ver com a presente proposta. A obra musical-historiográfica deveria ser um gênero historiográfico novo, que se vale do recurso da música.

36. Para uma pequena história da Internet, cf. Martinez de Velasco, 1995, p. 331-383. Sobre o impacto da Internet nas sociedades contemporâneas, cf. Castells, 1999.

37. A frase aparece em *Território do Historiador*, de E. Le Roy Ladurie (1973, p. 74), em uma época em que a Internet e a disponibilização de microcomputadores para usuários comuns ainda não constituíam a realidade inconteste de hoje. Mas já naqueles anos de 1970 estavam disponíveis os recursos de utilização do computador como meio para armazenar dados, quantificá-los, criar tabelas e bases de dados, serializar informações, empreender cálculos e trabalhar com correlações.

38. É o que nos diz Julio Aróstegui no capítulo sobre "A formalização e a informatização" de *A Pesquisa Histórica* (2006, p. 555): "O historiador não precisa, para tirar partido da informática, ser programador de *software*, mas é conveniente que seja, pelo menos, o que se denomina hoje um 'usuário avançado'".

39. Uma revisão de textos sobre o uso do computador como ferramenta de pesquisa acha-se em Burton, 1992, p. 181-188. Para uma discussão inicial sobre as possibilidades de interação entre História e o campo virtual, cf. SÁ, 2008; e Rosenzweig, 2003, p. 735-762. Sobre os cuidados necessários ao historiador diante dos amplos espaços digitais e possibilidades oferecidas pela *web*, cf. Schrum, 2003. / Para as questões envolvendo este novo campo e o Ensino de profissionais de História, cf. Mullingan, 2001, p. 523-529.

40. É importante ressaltar que os seres humanos que se identificam ou que se acham representados pelo "lugar de produção" de um texto historiográfico – ou seja, aqueles que consideram que, de uma certa maneira, o autor "fala por eles" ou os representa – não coincidem necessariamente com todos os leitores que se comprazem em ler a obra historiográfica. Como brasileiro, posso ler um texto historiográfico sobre a História da França (tema) que tenha sido escrito por um historiador francês contemporâneo ou do século retrasado (seu "lugar de produção"). O livro pode me soar particularmente francês, o que não me impede de apreciá-lo, inclusive como brasileiro. Pode ser que o autor deste livro, além de francês, seja um militante negro ou uma feminista, e que em suas análises evoque questões étnicas ou posicionamentos de gênero que atrairão a identificação de ativistas análogos de outros países, inclusive o Brasil. O "lugar de produção" de um texto envolve associações e adesões complexas, o mesmo se dando com a recepção representada pelo polo leitor (embora certos leitores do citado livro de história não se identifiquem

como negros, podem ser perfeitamente solidários em relação à resistência negra contra opressões racistas, viabilizada pelo autor do discurso historiográfico). Por fim, sendo a História uma ciência que discute seres humanos em sociedade – e não pedras, aranhas ou corpos celestes –, há sempre que se considerar os diferentes elementos humanos que são envolvidos na análise que o autor oferece aos seus leitores.

41. Tal como bem observa Cristóvão Tezza, a "polifonia", uma metáfora emprestada ao âmbito musical, consiste no "efeito obtido pela sobreposição de várias linhas melódicas independentes, mas harmonicamente relacionadas. Bakhtin emprega-a ao analisar a obra de Dostoiévski, por ele considerada como um novo gênero romanesco – o romance polifônico" (Tezza, 2002, p. 90). Em *Problemas da Estética de Dostoiévski*, encontraremos estas palavras de Bakhtin a respeito da habilidade do romancista russo em realizar uma escrita polifônica: "A voz do herói sobre si mesmo e o mundo é tão plena como a palavra comum do autor; não está subordinada à imagem objetificada do herói como uma de suas características, mas tampouco serve de intérprete da voz do autor. Ela possui independência excepcional na estrutura da obra, é como se soasse ao lado da palavra do autor coadunando-se de modo especial com ela e com as vozes plenivalentes de outros heróis" (Bakhtin, 1981, p. 3).

42. Há ainda uma terceira vertente que considera a multidiversificação da narrativa histórica, que é aquela que chama atenção para o fato de que a História deve constituir uma "escrita de narrativas", articulando diversos níveis, mas não é a este aspecto que estamos nos referindo aqui. Cf., para esta reflexão sobre a narrativa histórica que articula diversos níveis, o artigo de Bernard Bailyn: "The Challenge of Modern Historiography" (1982, p. 1-24). Para Bailyn, as narrativas históricas devem ser simultaneamente histórias intelectuais, econômicas e sociopo-

líticas. Sobre isso, cf. tb. o artigo de Luis Adão Fonseca sobre "As relações entre História e Literatura no contexto da atual crise da dimensão social da narrativa histórica" (2004, vol. 1, p. 170).

43. Os problemas pertinentes à fragmentação historiográfica foram evocados emblematicamente por François Dosse no célebre livro *A História em Migalhas* (1987), que critica a chamada *Nouvelle Histoire* francesa, acentuando o seu distanciamento em relação às propostas da Escola dos Annales, embora os próprios historiadores franceses da Nova História quase sempre divulguem o discurso de que são os herdeiros diretos das duas primeiras gerações dos Annales (de Bloch e Febvre a Braudel), a exemplo do prefácio de Jacques Le Goff para a obra coletiva *A Nova História* (1978). Cf. ainda, sobre a tendência francesa da Nova História, o ensaio de Philippe Carrard intitulado *Poetics of the New History – French Historical Discourse from Braudel to Chartier* (1992).

44. A observação é de Peter Burke, em "A História dos Acontecimentos e o Renascimento da Narrativa" (1992, p. 327-348). Os exemplos na Literatura contemporânea seriam inúmeros. Já desde 1906, com o *Ulysses* de James Joyce (1882-1941), temos um exemplo impactante da literatura experimental, com um vasto romance que se passa em um único dia e no qual o autor trabalha com os fluxos de consciências dos personagens e com o confronto de vários gêneros e estilos interagindo formalmente na mesma obra, sem mencionar a instigante intertextualidade com o *Ulisses* homérico. Para o caso da literatura de língua portuguesa, basta lembrar os livros de José Saramago. Não haveria limites para os exemplos que poderíamos dar, mas um grande marco para a escrita polifônica no gênero romance pode ser identificado com os livros de Dostoiévski (1821-1881).

45. Há uma passagem deliciosa de José Saramago, no romance *A Jangada de Pedra* (1986), na qual o autor situa em

comparação a Música e a arte da Escrita, evocando a partir daí os desafios estruturais que precisam ser superados pelos que quiserem aprender esta última: "Dificílimo é o ato de escrever, responsabilidade das maiores, basta pensar no extenuante trabalho que será dispor por ordem temporal os acontecimentos, primeiro este, depois aquele, ou, se tal mais convém às necessidades do efeito, o sucesso de hoje posto antes do episódio de ontem, e outras não menos arriscadas acrobacias, o passado como se tivesse sido agora, o presente como um contínuo sem princípio nem fim, mas, por muito que se esforcem os autores, uma habilidade não podem cometer, pôr por escrito, no mesmo tempo, dois casos no mesmo tempo acontecidos. / Há quem julgue que a dificuldade fica resolvida dividindo a página em duas colunas, lado a lado, mas o ardil é ingênuo, porque primeiro se escreveu uma e só depois a outra, sem esquecer que o leitor terá de ler primeiro esta e depois aquela, ou vice-versa, quem está bem são os cantores de ópera, cada um com a sua parte nos concertantes, três quatro cinco seis entre tenores baixos sopranos e barítonos, todos a cantar palavras diferentes, por exemplo, o cínico escarnecendo, a ingênua suplicando, o galã tardo em acudir, ao espectador o que lhe interessa é a música, já o leitor não é assim, quer tudo explicado, sílaba por sílaba uma após outra, como aqui se mostram" (Saramago, 2006, p. 11).

46. Exemplo notório é trazido por Suetônio (69-141 d.C.), historiador romano que traçou um perfil de cada um dos imperadores, até a sua época, em sua obra *Vida dos Doze Césares* (121 d.C.). Outros exemplos de depreciação exagerada de imperadores romanos como Calígula, Tibério e Nero podem ainda ser encontrados nas obras de senadores-historiadores como Sêneca (4 a.C.-65 d.C.) e Cássio Dio (155-229 d.C.). Este último escreveu uma *História de Roma* em oitenta volumes, muitos dos quais chegaram até nós e reforçam as cores depreciativas com que foram pintados diversos dos imperadores romanos. Algumas

das descrições negativas elaboradas pelos antigos historiadores-senadores acerca dos imperadores romanos – e também as misturas de narrativas históricas e narrativas lendárias elaboradas por Tito Lívio – foram recolocadas em suas redes de interesses políticos pela *História de Roma* (1812), escrita pelo historiador oitocentista Berthold Georg Niebuhr (1776-1831). A partir daqui, muitas dessas fontes passam a ser mais examinadas como discursos sobre os imperadores, a serem analisados e criticados, do que como documentos informativos em si mesmos.

47. O autor refere-se à segunda década dos anos de 2010, período de elaboração desta palestra.

48. Apresenta-se aqui uma questão essencial para a discussão da Didática da História. Deve-se ensinar os alunos a pensar historicamente – isto é, a compreenderem o que fazem os historiadores de modo a se habilitarem, eles mesmos, a desenvolver capacidades historiadoras – ou deve-se simplesmente "ensinar história"? Para Jörn Rüsen, um dos maiores especialistas da atualidade no assunto, "a didática da história se situa nessa relação direta com a ciência da história, na medida em que se concebe como ciência do aprendizado histórico e não como ciência da transmissão do conhecimento histórico produzido pela ciência da história. No que segue, entende-se 'aprendizado histórico' como o processo de formação da identidade e orientação histórica mediante as operações da consciência histórica" (Rüsen, 2012, p. 16).

49. A Medida Provisória n. 746/16 propôs a exclusão da obrigatoriedade da disciplina História no âmbito do Ensino Médio brasileiro. Foi aprovada no Senado, em 08 de fevereiro de 2017, por uma impressionante e decepcionante margem de 43 votos contra 13, para depois passar a integrar a Lei n. 13.415/17.

LEIA TAMBÉM:

História, Espaço, Geografia
Diálogos interdisciplinares

José D'Assunção Barros

História e Geografia são disciplinas irmãs. Embora cada qual tenha adquirido uma identidade específica ao longo de sua história como campo de saber e de pesquisa, estas duas ciências estão destinadas a se encontrarem e reencontrarem inúmeras vezes diante da possibilidade de compartilhar teorias, metodologias e temas de estudo. O Espaço – noção central da Geografia ao lado da Vida Humana e do Meio – e o Tempo – dimensão que configura diretamente a História, são mostrados neste livro como pontes de comunicação entre os dois saberes.

Ao longo destas páginas são discutidos conceitos como: região, população, escala, lugar e território. São abordados universos de estudo como a Geografia humana, a História local, a Micro-história e a Geo-história. É mostrado como o tempo se concretiza no próprio espaço através de marcas deixadas por diversas épocas nas paisagens, e como geógrafos e historiadores podem literalmente "ler" o tempo através da observação sistemática dos ambientes naturais e construídos pelo homem. A interação entre Tempo e Espaço, como se verá, produz uma harmonia quase musical que pode ser compreendida por meio da sensibilidade historiográfica e geográfica.

José D'Assunção Barros é historiador e professor-adjunto de História na Universidade Federal Rural do Rio de Janeiro (UFRRJ), além de professor-colaborador no Programa de Pós-Graduação em História Comparada da Universidade Federal do Rio de Janeiro (UFRJ). Doutor em História pela Universidade Federal Fluminense (UFF) e graduado em História pela Universidade Federal do Rio de Janeiro (UFRJ), possui ainda graduação em Música (UFRJ), área à qual também se dedica ao lado da pesquisa em História. Além de uma centena de artigos publicados, trinta dos quais em revistas internacionais, publicou diversos livros dedicados à pesquisa historiográfica, à Teoria da História e aos grandes temas de interesse dos estudiosos da área.

CATEQUÉTICO PASTORAL

Catequese – Pastoral
Ensino religioso

CULTURAL

Administração – Antropologia – Biografias
Comunicação – Dinâmicas e Jogos
Ecologia e Meio Ambiente – Educação e Pedagogia
Filosofia – História – Letras e Literatura
Obras de referência – Política – Psicologia
Saúde e Nutrição – Serviço Social e Trabalho
Sociologia

TEOLÓGICO ESPIRITUAL

Biografias – Devocionários – Espiritualidade e Mística
Espiritualidade Mariana – Franciscanismo
Autoconhecimento – Liturgia – Obras de referência
Sagrada Escritura e Livros Apócrifos – Teologia

REVISTAS

Concilium – Estudos Bíblicos
Grande Sinal – REB

VOZES NOBILIS

Uma linha editorial especial, com importantes autores, alto valor agregado e qualidade superior.

PRODUTOS SAZONAIS

Folhinha do Sagrado Coração de Jesus
Calendário de mesa do Sagrado Coração de Jesus
Agenda do Sagrado Coração de Jesus
Almanaque Santo Antônio – Agendinha
Diário Vozes – Meditações para o dia a dia
Encontro diário com Deus
Guia Litúrgico

VOZES DE BOLSO

Obras clássicas de Ciências Humanas em formato de bolso.

CADASTRE-SE
www.vozes.com.br

EDITORA VOZES LTDA.
Rua Frei Luís, 100 – Centro – Cep 25689-900 – Petrópolis, RJ
Tel.: (24) 2233-9000 – Fax: (24) 2231-4676 – E-mail: vendas@vozes.com.br

UNIDADES NO BRASIL: Belo Horizonte, MG – Brasília, DF – Campinas, SP – Cuiabá, MT
Curitiba, PR – Fortaleza, CE – Goiânia, GO – Juiz de Fora, MG
Manaus, AM – Petrópolis, RJ – Porto Alegre, RS – Recife, PE – Rio de Janeiro, RJ
Salvador, BA – São Paulo, SP